무계획 워홀러의 900일 여행기

동서양 18개국 98개 도시를 누비며

무계획 워홀러의 900일 여행기
동서양 18개국 98개 도시를 누비며

초판 1쇄 발행 2023년 12월 15일

지은이 기용주
펴낸이 장현수
펴낸곳 메이킹북스
출판등록 제 2019-000010호

디자인 박단비
편집 최미영
교정 강인영
마케팅 김소형

주소 서울특별시 구로구 경인로 661, 핀포인트타워 912-914호
전화 02-2135-5086
팩스 02-2135-5087
이메일 making_books@naver.com
홈페이지 www.makingbooks.co.kr

ISBN 979-11-6791-455-2(03980)
값 17,000원

ⓒ 기용주 2023 Printed in Korea

잘못된 책은 구입하신 곳에서 바꾸어 드립니다.
이 책의 전부 또는 일부 내용을 재사용하려면 사전에 저작권자와 펴낸곳의 동의를 받아야 합니다.

홈페이지 바로가기

메이킹북스는 저자님의 소중한 투고 원고를 기다립니다.
출간에 대한 관심이 있으신 분은 making_books@naver.com로 보내 주세요.

무계획 워홀러의 900일 여행기

동서양 18개국 98개 도시를 누비며

기용주 지음

메이킹북스

프롤로그(여행을 하게 된 이유)

2014.1.2~2018.2.22

그동안 '기용주'라는 사람과 '노마드한 청춘의 워홀 일주'에 관심 가져주시고 물질적, 정신적으로 도움을 주신 모든 분께 감사합니다.

총 여행 기간 - 920일(워홀 포함)
워킹홀리데이 국가 - 일본, 아일랜드
여행하며 번 돈 - 3,120만 원
여행하며 쓴 돈 - 번 것보다 쓴 게 많음
방문 국가 - 18개국
방문 도시 - 98개 도시(일본, 아일랜드 포함)
카우치서핑 - 5회
하루 동안 가장 오래 일한 시간 - 20시간
1주일 동안 가장 오래 일한 시간 - 108시간
이력서 돌린 곳 - 약 150여 곳
일한 직업 수 - 11개
일한 직업 종류 - 주방 보조 및 셰프(한식당, 일식당)/바텐더/캐셔/피자 만들기 및 판매/하우스키핑(청소)/웨이터/빵집/전단지 돌리기/블로그 포스팅/구매 대행/한인 민박 스텝

일본 워킹홀리데이 365일 + 여행 16일
아일랜드 워킹홀리데이 249일(워홀 기간 다른 나라 여행 제외)
영국 91일

스페인 85일

홍콩, 마카오 4일

대만 4일

태국 8일

라오스 8일

인도 13일

네덜란드 8일

벨기에 3일

프랑스 3일

모로코 6일

아이슬란드 7일

체코 9일

오스트리아 3일

헝가리 3일

러시아 3일

시베리아 횡단 열차 12일(이르쿠츠크 바이칼 호수 포함)

경험

일자리 문전 박대 여러 번

슬럼프 극복 차 머리 빡빡이로 밈(12mm)

JLPTN2(일본어 능력 시험) 자격증 획득

일본 운전 면허증 획득

패션의 성지 하라주쿠에서 스트리트 사진작가에게 모델 촬영 및 인터넷에 실림

33일간 자가용으로 일본 전국 일주

일본 경찰 3회 만남(여행 중)

수치스러운 일 1회(홈스테이 아들에게)

한겨울 눈 오는 날에 수많은 별을 보며 노천 온천
운 적 여러 번(한국에 가고 싶어서, 이별해서, 서러워서)

혼자 놀이동산 간 적 1번(일본)

차 사고 3회(펑크, 보닛 박살, 배터리 방전으로 퍼짐)

겨울에 스노보드 미친 듯이 탐

4번의 국제 연애

일본에서 귀국할 때 자가용으로 나고야에서 후쿠오카까지 간 후 배 타고 한국으로 돌아옴

평생 외국인 친구 5명 사귐(일본 2명, 아일랜드 1명, 프랑스 1명, 브라질 1명)

길거리 버스킹(2회)

다큐멘터리 제작(3회)

길거리 사진 판매(3회)

히치하이킹(2회)

홈스테이 쫓겨남(아일랜드)

3번의 일 잘림(더블린)

이사 여러 번

규모가 큰 파티 4회 주최(더블린)

서핑 1회

여행 다니며 찍은 사진들로 엽서 자선 사업 경험 1회

청소년 토크 콘서트 기획 및 주최 (지역 신문에 나옴)

인도 해외 봉사 1회

좌절한 경험 수없이

외국인과 싸운 적 2번

외국의 느린 행정 처리로 화난 적 여러 번

걸어가다 갈매기 똥 맞은 적 여러 번

고프로 잃어버린 적 1번(런던)

내 인생에 큰 이별 1번

여권 잃어버린 적(일본)

길바닥에 15만 원 떨어뜨린 적

물에 빠져 죽을 뻔한 적 1번(태국)

강도 만난 적 1번(모로코)

11일간 모스크바 ~ 블라디보스토크까지 시베리아 횡단 열차 횡단

횡단 열차 안에서 맥주 몰래 샀다가 걸려서 경찰서 갈 뻔함

바람에 비싼 모자 강에 떨어진 적 등 너무 많아서 기억을 못 함

긴 여행을 떠나게 된 계기

어떤 이가 제게 말했습니다. 너는 20대에 그렇게 여행 다니며 흥청망청 돈 쓰면 나중에 나이 먹고 모아둔 돈 없이 어떻게 살아가느냐며 현실을 보고 남들처럼 졸업 후 직장 생활을 하면 어떻겠냐고

'20대에 국가마다 한 번밖에 하지 못하는 워킹홀리데이의 매력을 알게 되었고 20대만이 할 수 있는 특권이라고 생각하여 워킹홀리데이로 갈 수 있는 나라를 다 가 보고 싶었습니다.'가 남들에게 말하기 쉬운 이유였습니다.

누구에게나 상처가 있듯이 사실, 제게도 어린 시절 가정, 학교, 군대에서까지 남들에게 쉽게 말 못 할 아픈 상처가 있었습니다. 그 당시 어느 곳 하나 기댈 데 없어 어린 나이에 감당하기엔 너무 힘들었고 결국, 극단적인 선택까지 시도하였지만, 차마 그럴만한 용기는 없더군요. 아직도 그런 기억들이 트라우마로 남아 저를 괴롭히곤 합니다.

어린 시절 많은 빚더미로 부모님은 항상 밤낮으로 일하셨고 외동으로 자라 기댈 형제들도 없어 늘 외로웠습니다. 넉넉지 않은 집안 형편 때문에 초등학교 고학년 때부터 전단지를 돌려가며 지금까지 쉼 없이 열심히 살았습니다.

가족들과 함께하는 외식이 저에겐 사치였으며 철없던 어린 시절엔 그저 가난한 집안에서 태어난 것이 싫었고 부모님이 원망스러웠습니다.

때문에 눈칫밥 먹으며 자란 어린 시절은 제게 암흑 같은 시절이었고 살면서 '주변 사람에게 진심으로 관심 받고 사랑받고 싶다'고 생각했었습니다.

그렇게 군 전역 후 1년간 교내와 사회 종합 복지관에서 봉사 활동을 하니 함께 나누고 더불어 사는 진정한 삶의 가치가 무엇인지 알 것 같았습니다.

이후 일본으로 워킹홀리데이를 떠났고 그곳에서 만난 사람들 덕분에 저도 지구상에 존재하는 소중한 사람이라는 것을 깨달았습니다.

'기용주'라는 사람을 어떠한 배경과 편견 없이 있는 그대로 봐주었거든요. 일본 워홀은 제 인생의 전환점이 되었습니다.

또한, 외국 생활을 하며 경험해 보지 못한 새로운 것들을 접하면서 세상은 넓고 아름다웠습니다. 나아가 앞으로 하고 싶은 것 다 하고, 보고, 경험하며 살고 싶다는 생각을 했습니다.

여행을 거듭할수록 체력적으로, 정신적으로 지치기도 했지만 상쇄할 만큼 소중한 인연과 풍경을 마주칠 때면 잊을 수 없는 추억이 되더라고요.

여기까지 제가 긴 여행을 떠나게 된 계기이며 힘듦에도 여행을 지속했던 이유입니다.

워킹홀리데이로 세계 여행을 하는 이유는 여행을 오래 할 수 있는 최적의 조건이기 때문입니다.

워홀을 가서 그 나라에 살아볼 수 있음과 동시에 돈을 모으면서 다시 다른 나라를 가는 방식으로 한 나라에 오래 머무는 여행을 했습니다.

이 글을 쓴 시점은 오래전이지만 그동안 책을 내기까지 많은 고민을 했습니다.
평범한 2, 30대 청년들에게 제가 경험한 워킹홀리데이를 통해서 사회의 평범한 프로세스(대학 졸업, 취업, 결혼)를 따르는 삶이 아닌 '이런 삶'도 있다는 것을 보여 주고 싶어 글을 쓰게 되었습니다.
제 글이 누군가가 용기를 내는 데 도움이 되었으면 하는 마음입니다.

차례

프롤로그
여행을 하게 된 이유   04

제1부 일본 워킹홀리데이

낯선 환경에서의 인연   20
내가 일본에 워킹홀리데이로 온 이유   22
어학원   24
아르바이트   25
일본에서 일한다는 것   27
술, 담배   28
일본어 공부, 도서관과 맥도날드   29
생활비   31
우에노 공원   32
첫 월급   34
아지로 온천   36
아타미   39
인복   41
지진   42
DBC 어학교   44
결심   46
퇴사   48

제2의 일자리	49
일본어 능력 시험	51
몬쟈 가게	52
몬쟈 가게 주방	55
몬쟈 가게 사람들	57
애국심	61
스탠드 Bar	63
스마트폰	64
하나비(불꽃 축제)	66
다툼	68
오다이바	71
혼자라는 것	73
동네	75
회식	77
정情	79
여행	81
한국 음식	83
몬쟈 가게 안녕	85
혼자 여행	87
후지큐 하이랜드	89
장기 여행	91
일본 전국 일주	93

여행 그 후	97
일본어 능력 시험(JLPTN2) 재시험	99
일자리	100
안녕 도쿄	101
기후 현	102
피자 가게	104
스노보드	105
남은 시간	107
구조하치만	109
시라카와고	111
안녕 기후 현	113
귀국	115
12개월간 일본 워킹홀리데이 기록	117
일본 워킹홀리데이 그 후, 두 번째 워킹홀리데이	120

제2부 아일랜드 워킹홀리데이

아일랜드행	124
더블린 사람들	126
취미가 수입으로	128
셰어 하우스	130
학원 첫날	131
영어 공부	132
하늘과 가까운 도시 Howth	133

전단지 아르바이트	136
여유가 있는 도시 Dalkey	138
감사	140
게스트하우스	142
홈스테이 끝	144
아일랜드 첫 직장	147
여행은 살아 보는 거야	150
학원 친구들	151
세 번째 이사 그리고 택배와 GNIB	152
하우스 파티	154
PPSN 넘버	155
아일랜드 첫 직장 잘리다	156
방학	158
첫 카우치서핑	159
네덜란드 마켓&사람들	162
네덜란드의 남녀 혼탕 사우나	164
암스테르담	168
네덜란드 풍차 마을 잔세스칸스&로테르담	170
네덜란드 델프트	172
네덜란드 헤이그	175
벨기에 브뤼셀	179
벨기에 브뤼헤	182
프랑스 파리	185
아름다운 파리	187

2016년의 마지막, 파리	191
50만 원(400유로)으로 시작하는 무계획 유럽 여행 정리	193
CV(curriculum vitae) 이력서	197
아일랜드, 세 번째 일자리	203
외국인 노동자	204
영국, 런던 1	205
영국, 런던 2	207
세븐시스터즈	211
런던, 마지막 날	213
사진과 영상	215
세 번째 일 잘림	216
아일랜드 렌터카 여행	218
4번째 일자리 Nando's 레스토랑	221
또 한 번의 이사, 새로운 집	226
트라이얼 실패	228
단기 아르바이트	230
셰어 하우스 청소	232
한국인 홈 파티	234
더블린 생활	236
워킹홀리데이 다큐멘터리	238
투 잡	239
골웨이	240
기네스 스토어	242
그레이스톤스	243

낭만의 도시 코크	244
살고 싶은 마을 코브	247
아일랜드, 더블린 노상 사진 판매	252
사진 판매 3일 차	254
아프리카 모로코, 탕헤즈	256
파랑마을 쉐프샤우엔	258
메르주가, 사하라 사막	262
타이어 펑크	264
천 년의 역사를 간직한 도시, 페즈	267
여행 후, 더블린 일상	270
이사	271
한국 식당, 가게 회식	272
골웨이, 아란 섬	273
영국, 벨파스트	275
유네스코 세계 유산 자이언트 코즈웨이	276
조지 바, 게이 바	278
웩스포드	280
아리랑, 거리 공연	282
27번째 생일	283
한국 식당, 아리수	284
9개월간 아일랜드 워킹홀리데이 끝	286
1년 9개월간 2개국(일본, 아일랜드) 워킹홀리데이 이야기	289

제3부 아일랜드 워킹홀리데이 그 후, 한인 민박 이야기

인수인계, 적응	292
톨레도	294
세고비아	296
쿠엥카	300
꽃보다 할배에 나온 버섯 튀김집, 잊지 못할 피아노 아저씨	302
안녕, 마드리드	303
바르셀로나 전망대, 벙커	305
지중해에 면한 휴양 도시, 시체스	307
세계 4대 성지 몬세라트	309
드라마 '푸른 바다의 전설' 배경지 토사데마르	311
스페인의 베네치아, 지로나	313
바르셀로나 언덕 위의 놀이공원 티비다보	315
스페인 바르셀로나 러브 민박 끝!	318
아이슬란드의 수도 레이캬비크	319
아이슬란드, 팅크베틀리르 국립공원, 게이시르와 굴포스	321
아이슬란드, 고요함 속의 대자연	324
아이슬란드, 요쿨살론과 디르홀레이 그리고 오로라	325
아이슬란드, 케리오 화산과 블루라군	328
런던 생활	330
러브 한인 민박 끝!	332

제4부 무계획 유럽 여행
(유럽에서 시베리아 횡단 열차 타고 한국까지)

스코틀랜드, 에든버러	336
마법 같았던 에든버러	339
안녕, 프라하	345
오스트리아, 잘츠부르크	350
오스트리아, 할슈타트	352
안녕, 오스트리아	354
안녕, 헝가리	357
안녕, 러시아 모스크바	358
러시아, 시베리아 횡단 열차 1	360
러시아, 시베리아 횡단 열차 2	362
러시아, 시베리아 횡단 열차 3	364
러시아, 이르쿠츠크 바이칼 호수 1	366
러시아, 시베리아 횡단 열차 4	370
러시아, 시베리아 횡단 열차 5	372
러시아, 시베리아 횡단 열차 6	375

에필로그(여행, 그 후)

여행과 책임	377
인간관계	378

제1부

일본 워킹홀리데이

2014.03.06~2015.03.06

낯선 환경에서의 인연

일본 워킹홀리데이 D-Day

　65만 원짜리 왕복 항공권을 끊고 JAL 일본 항공을 이용하여 약 2시간 30분 만에 김포 공항에서 하네다 공항으로 도착했다. 비싼 만큼 대형 항공사여서 그런지 기내식과 승무원들의 서비스가 좋았다. 비행기를 타고 하늘을 난 순간 차창 밖을 보니 타지에서 생활할 생각에 갑자기 두려움이 엄습해 왔다. 아마 타지에 있는 모든 유학생도 유학을 갈 때 이런 느낌이 아니었을까?

그나마 다행이었던 것은 일본 워킹홀리데이를 가기 전 미리 집을 구했다는 것.

일본 워킹홀리데이 와서 처음으로 살게 될 집. 생각보다 깔끔하고 2층으로 된 큰 집이어서 만족하고 들어갔다. 부랴부랴 짐을 풀자마자 고등학교 친구의 소개로 알게 된 일본인 친구 토모키와 만나기로 약속을 하고 기다렸는데 고맙게도 우리 집 앞까지 차를 끌고 와줬다. 그리하여 남자 둘이 자연스레 드라이브하게 됐다.

친구와 말이 안 통할 줄 알았는데 역시 보디랭귀지가 좋다. 일본은 운전석이 반대여서 헷갈리지만, 교통질서는 정말 좋은 것 같다는 생각을 했다. 드라이브를 끝내고 배가 고파 일본에 와서 가장 먹고 싶었던 일본 라멘을 먹었다. 기대가 컸던 것일까. 생각만큼 맛있지는 않았다.

이렇게 해서 1일 차 일본에서의 하루가 끝이 났다. 일본에 도착해서 알게 된 70대 일본인 어머니, 그리고 일본인 친구 토모키. 낯선 환경에서 이들과의 인연들이 내 워킹홀리데이 생활 전반에 영향을 끼칠 줄 알았을까?

내가 일본에 워킹홀리데이로 온 이유

나는 일본에 세 가지 이유로 왔다.

1. 일본어를 배우기 위해서

고등학교 시절 제2 외국어로 일본어를 배웠었다. 특히 일본어 선생님은 고3 담임 선생님이셨는데 심히 엄한 분이였다. 그래서 수능 공부에 집중해도 모자랄 시기에 일본어 공부를 열심히 할 수밖에 없었다. 그리곤 수능이 끝남과 동시에 바로 잊어버렸다. 이후 대학을 관광 경영학과로 진학했고 자연스레 관광 관련 직업을 꿈꿨다. 언어를 해야겠다는 생각에 만만한 일본어를 선택했고, 일본어에 관심을 갖게 되면서 열심히 배워 보자는 생각을 했다.

2. 서비스 정신을 배우기 위해서

대학 전공이 관광 경영이기에 미래에 가장 중요한 것은 서비스 마인드라 생각했다. 일본은 '친절하고 예의 바르며 특히 식당의 서비스가 좋고 배울 점이 많은 나라'로 알려져 있다. 역사는 싫지만 이런 점은 배워야 한다는 생각에 일본에 가고 싶다는 생각을 했다.

3. 외국에서 오래 살아 보고 싶어서

아무도 알지 못하는 곳에서 한번 살아보고 싶었다. 왠지 장기간 외국에서 살면 '나'라는 사람을 알게 될 것 같았다. 쉽게 말해 나의 정체성을 찾고 싶었던 것 같다.

그렇게 나는 일본에 왔고 이 세 가지 이유를 위해 일본 생활에 적응하기 위해 노력하고 있다.

어학원

일본 워킹홀리데이 D+7

일본에 와서 어학원을 다녔다. 대학교 교수님의 지인이 운영하는 DBC 어학원을 알게 되어 3개월 과정을 3만 엔 정도 싸게 해서 12만 엔에 등록했다.

보통 워킹홀리데이로 일본에 오면 어학원을 다니지 않는다. 워킹홀리데이 비자의 정석대로라면 일해서 여행 다니는 비자이기에 대부분 일본어가 어느 정도 되는 사람들만 온다. 하지만 나는 무식하면 용감하다고 남자라면 부딪히고 봐야 한다는 생각에 일본에 왔다.

덕분에 어학원을 등록해야만 했다. 쓸데없는 돈 낭비였을지도 모른다. 결국, 4개월을 다니고 어학원을 그만뒀지만 4개월 동안 어학원에서 충분히 다양한 외국인 친구들을 만남으로써 그 이상의 값어치를 해 주었다.

아르바이트

일본 워킹홀리데이 D+8

처음 일본에 갈 때 비행기 값을 제외하고 약 400만 원을 들고 왔었다. 2달 집값, 학원비를 내면 나에게 남는 생활비는 얼마 없었다. 사실 생존을 위해서라도 당장에 일을 구해야 한다.

'일본어도 안 되는데 일을 어떻게 구할까?'라는 생각을 할 여유가 없었다. 그래서 일본에 오자마자 아르바이트를 닥치는 대로 구하러 다녔다. 전화로 일을 구할 만큼 일어도 안 됐고 '아르바이트를 찾고 있는데 사람을 구합니까?'라는 일본어만 외운 채 무작정 가게에 찾아갔다.

역시 외국인이 일어도 못하는데 일 구하기란 쉽지 않다. 일을 구하느냐고 물어본 뒤 나에게 말을 걸면 그 뒤로 알아듣지 못할 뿐더러 발음도 어눌하니 누가 봐도 나를 채용할 일이 없다. 열 군데 이상 문전 박대를 당하니 자신감이 떨어졌다. 현실을 직시한 것이다. 일본에 올 때 '절대로 한국인들과 어울리지 말자.', '한국 가게에서는 일하지 말자.'라고 굳게 다짐하고 왔었다. 일본어를 배우는 것을 목적으로 왔기 때문에 굳이 여기까지 와서 한국인을 만나고 싶지는 않았기 때문이다. 생각해 보면

어디서 그런 자신감이 나왔는지 모르겠다.

결국, 자신을 인정하고 동유모 사이트(한인 커뮤니티 카페)를 검색하며 '아카사카'라는 지역의 한국 가게에서 일하기로 했다.

일본에 온 지 8일 만에 일을 구했다. 결론은 운이 좋다. 생존을 위해서라면 이것 또한 기회이니라.

일본에서 일한다는 것

일본 워킹홀리데이 D+12

내가 일하는 아카사카의 한국 식당(Kollabo)은 종업원이 모두 한국인이었다. 주방에서는 나를 포함해서 셋이 일했고 홀에서는 네 명이 일을 했다. 바쁜 날에는 주변 가게에 도움을 받았다. 사실 바쁘지 않은 날이 없었다.

정성스게 만든 예쁜 음식이 나가는 것과 동시에 최대한 빨리 요리해서 나가는 것. 물건을 쓰면 무조건 제자리에 갖다 놓고 다음 일을 하는 것. 좁은 주방 특성상 지나갈 때 말하고 지나가는 것. 설거지할 때 시끄럽게 하지 않을 것. 전표를 읽기 위해 일본어로 요리와 재료들을 알아둘 것. 뜨거운 음식과 칼이 지나다니니 첫째도 안전, 둘째도 안전. 다치지 말 것. 주방에서 내가 배워야 할 것은 너무나 많았다.

일본에서 일한다는 것. 쉽지 않다.

술 담배

일본 워킹홀리데이 D+17

일본에 와서 가장 많이 늘었던 것은 딱 두 가지다. 술 그리고 담배. 군 시절 배웠던 담배가 일본까지 쫓아올 줄 누가 알았을까.

매일의 일상이 공부~일~공부~잠이었으니 지칠 만도 했다. 내가 피우던 담배는 필라멘트 라이트. 양담배였다. 당시 한국에서는 2,500원 하던 담배가 일본에서는 약 500엔이었으니 원화로 2배나 되는 가격이었다. 그럼에도 밥은 굶어도 담배는 굶을 수 없었다. 그래서 학교에서, 길에서, 집과 도서관 앞, 일할 때, 자기 전 입에 담배를 물고 살았다. 아마 하루에 1갑은 피웠을 거다.

그런데 담배만 느는 것은 아니다. 담배와 찰떡궁합을 이루는 술도 늘었다. 체질상 술을 못 먹는 나는 캔맥주를 즐겨 마셨다. 새벽 5시까지 공부하고 집으로 돌아오는 길 편의점에서 사 먹는 아사히 맥주 1캔은 하루 동안의 피로가 녹듯 꿀맛 같은 달콤함을 주었다. 그리곤 3시간 동안 단잠을 청하곤 했다.

어떻게 일본어는 늘지 않고 몸에 좋지 않은 것은 잘도 느는지. 혼자 있으니 어느 것도 날 구속하거나 잔소리할 사람이 없다. 이런 자유로움이 유학생들에겐 득이 되기도 해가 되기도 한다.

일본어 공부, 도서관과 맥도날드

일본 워킹홀리데이 D+19

한국에 있으면서 도서관을 간 기억이 거의 없다. 어렸을 적부터 엉덩이를 의자에 붙이고 가만히 앉아 있지 못하는 성격이었다. 책 읽는 것도 싫어했고 공부하는 것도 싫어하며 오로지 노는 게 가장 좋았다. 그래서 고등학교 시절 성적이 좋지 않아 지방에 있는 대학교에 성적 맞춰 간 것도 있다.

일본에서 가장 많이 간 곳 두 곳을 꼽자면 도서관과 맥도날드가 아닌가 싶다. 히라가나, 가타카나만 알고 열심히 공부하지 않으면 따라갈 수 없었기에 매일 어학교가 끝나면 빵으로 점심을 때우며 도서관으로 향했다. 의자에 오래 앉아 있지 못하던 나는 4시간씩 앉아서 공부만 했다. 항상 구석에 앉아 한국에서 사 온 일본어 책을 꺼내 미친 듯이 암기하고 집으로 돌아오곤 했다. 인생에서 이때가 도서관을 가장 많이 가지 않았나 싶다.

그리고 저녁에 아르바이트하고 돌아오는 길 집 근처 24시간 운영하는 맥도날드로 향했다. 조용히 4층으로 올라가 구석에 자리를 잡고 공부를 했다. 매일 새벽 1시 반부터 5시까지 공부를 하고 편의점에 들려 아사히 캔맥주를 사서 텁텁한 목에 흘려보냈다. 하루 중 가장 감성적일 때가 아닌가 싶었다.
　잠시 내 일과를 말하자면

09:00~12:30 어학교
12:30~13:00 점심(가난한 유학생은 보통 빵을 먹는다)
13:00~17:00 도서관에서 공부
17:00~17:30 저녁

17:30~18:30 일하러 가는 이동 시간 지하철에서 공부
18:20~24:20 아르바이트
24:30~01:10 집으로 오는 이동 시간 지하철에서 공부
01:10~05:00 맥도날드에서 공부
05:00~05:30 집 도착 및 취침

하루에 밥 먹는 시간, 3시간 잠을 자는 시간, 일하는 시간을 제외하곤 이렇게 4개월을 반복했다.

어느덧 도서관 사서는 내가 오니 자연스레 자리표를 건네주었고 나는 스스럼없이 도서관 2층으로 올라가 공부하기 시작했다. 공부할 때에는 샤프가 아닌 연필을 쓰자는 생각에 4달간 공부를 하니 몽당연필이 한두 개가 아니었다.

보통 언어는 3개월 단위로 계단처럼 오른다고 한다. 항상 도서관에 갈 때 또는 길을 걸을 때 한자 간판이 유독 많은 일본에서 언젠가 간판을 읽으리라 다짐했었는데 신기하게도 3개월이 지난 시점에서 간판에 있는 글들이 읽히기 시작했다. 순간 누군가 나에게 최면을 거는 것 같았지만 내 눈과 머리로 간판을 읽고 있다는 걸 의식했을 때의 쾌감은 말로 표현할 수가 없다.

참고로 나는 이해력도, 머리도 정말 좋지 않다. 그래서 남들보다 2배 3배 노력하지 않으면 안 된다. 그래서 더 최선을 다했다.

역시 언어는 꾸준히 하면 는다.

생활비

일본 워킹홀리데이 D+22

나에겐 씨티은행에서 만든 국제 체크카드가 있다. 이 카드는 내가 비상시에 사용할 수 있는 카드이다. 약 50만 원 정도 들어 있는데, 일본에 가져온 돈은 정해져 있고 혹시나 내가 돈이 없으면 이 카드에 있는 돈이 엔화로 환전되어 내가 찾을 금액만큼 뺄 수 있기 때문이다.

하지만 그만큼 유혹도 있다. '카드가 있으니 언제든 돈을 여유롭게 써도 되겠지?'라는 생각을 하게 만들기 때문이다. 그래서 나는 항상 이 카드는 없다고 생각하고 돈을 아껴 쓰려 했다.

나의 첫 한 달 생활비는 5만 엔 정도였다. 하루에 약 1,500엔을 쓸 수 있다고 가정했을 때. 담뱃값 500엔을 제외하면 쓸 수 있는 돈은 1,000엔이다. 하루에 세끼 먹는다 했을 때 한 끼는 집에서 먹을 수 있으니 1,000엔으로 두 끼를 먹어야 한다. 그래서 나는 매일 한 끼는 빵, 한 끼는 사다 놓은 콘플레이크를 먹었다. 2달 정도 월급을 받을 때까지 버텨야 한다. 지금은 가난하지만, 월급을 받으면 여유로워질 것이다.

한국에서는 아르바이트하며 내 용돈을 썼기 때문에 돈이 궁하지는 않았다. 집이 있었고 공과금이나 집값을 내가 낼 필요가 없었기 때문이다. 하지만 일본에서는 집값과 공과금, 내가 생활할 모든 비용을 내야 했기 때문에 만만치 않았다. 살기 위해서가 아니라 생존하기 위해서는 돈을 아껴야 한다.

우에노 공원

일본 워킹홀리데이 D+32

오늘은 일본인 친구와 약속했던 벚꽃을 보러 가는 날이다. 도쿄에서 가장 벚꽃이 많이 피기로 유명한 우에노 공원. 기대되기도 설레기도 했다. 사실 한국에서는 지금까지 살면서 시간을 내고 벚꽃을 구경하러 간 적이 없다. 그런데 일본에 오니 가고 싶어졌다. 우리는 오후 1시에 우에노 역에서 만나 공원에 들어섰다. 입구부터 많은 관광객으로 붐볐다. 나는 관광객이 아닌 일본에 사는 현지인이라는 당당함에 여유로웠다.

이제 완연한 봄이라는 것을 알리듯 분홍색 벚꽃이 온 사방에 폈다. 벚꽃이 흩날리는 바람에 냄새를 맡으며 향기에 취해 있을 때 주변의 관광객들은 벚꽃을 향해 공격이라도 하듯 카메라 셔터를 여기저기서 누르고 있었고 누가 더 예쁘게 나오나! 경쟁이라도 하듯 포즈를 취하고 있었다.

아무래도 이 많은 양의 벚꽃이 피었으니 사람 마음이 가만히 있지 못할 것 같다는 생각이 든다. 그야말로 벚꽃 세상이었다. 벚꽃이 이렇게 아름다운 꽃이었다니. 살면서 왜 몰랐을까? 앞으로 꽃을 좋아하는 사람이 될 줄도 알아야겠다. 그래야 계절에 피는 꽃의 행복함을 알고 기다리며 사소한 것에 감사할 줄 알게 되리.

낭만적이기도 로맨틱하기도 한 우에노 공원의 봄. 사람들을 흥겹게 만들기도 하고 없던 감정을 만들어 내는 것을 보면 봄이 좋긴 좋다.

첫 월급

일본 워킹홀리데이 D+40

매달 10일에 월급을 받는데 나는 4월 14일 월요일 오늘 받았다. 과연 얼마나 받았을까? 반올림해서 돈을 주긴 했지만, 교통비까지 포함해 시급대로 돈이 나왔다. 일본 돈으로 월급을 받아 보니 새롭고 적응이 안 된다. 원화 1,000원이 100엔이라 생각하니 제대로 받은 게 맞는 것인지 의아하기도 하지만 금액은 확실히 맞으니 기분이 좋다.

그동안 일하면서 힘들었던 것들이 생각나면서 내가 대견하기도 하고 어쨌든 너무 기분이 좋다. 절대로 허튼 데 쓰지 않고 아껴 쓰겠다고 다짐을 한다. 첫 달은 궁핍하게 살았으니 이젠 조금 여유를 가져도 된다. 이 돈이면 한 달을 가난하게 살지는 않아도 되니 말이다. 어디든 외국에 가면 일을

구하고 첫 월급을 받기 전까지는 가난할 수밖에 없다. 그렇기에 많이들 초조해하고 걱정하지만 결국 시간이 지나면 아무것도 아닌 것을 느낀다.

물론 그때의 두려움은 이루 말할 수 없다. 타지에서 일을 못 구하면 한국에 계신 부모님께 의지하거나 내가 모아 둔 돈을 계속 쓸 수밖에 없으니 애간장이 탈 수밖에.

아지로 온천

일본 워킹홀리데이 D+45

일본에 오면 하고 싶은 것이 3가지가 있었다. 스키장에 가는 것. 후지 산 정상에 오르는 것. 그리고 일본 전통 온천에 가기. 오늘 하고 싶었던 것 중 한 가지인 온천에 1박 2일로 가기로 한 날이다. 가게에는 하루 더 쉰다고 말을 했고 결국 이틀을 쉬기로 결정됐다. 그래서 알아본 결과 시즈오카 현의 아지로 온천에 가기로 결정했다.

온천으로 가는 길은 모든 것이 처음인 순간이다. 일본에서 기차도 처음이다. 가는 시간만 무려 1시간 30분. 하지만 기차의 매력은 지정된 좌석에서 차창 밖의 풍경들을 바라보며 여유롭게 갈 수 있다는 것. 그렇게 나는 오니기리(주먹밥)를 먹으며 온천으로 향하고 있었다.

어느덧 도착한 아지로 역. 이곳은 매우 조용한 항구 온천 마을이다. 내가 갈 온천은 해안가에 있다. 역에서 내리니 주변은 완전 시골이었고 마치 애니메이션으로만 보던 전통적인 일본 마을 느낌이었다. 어디가 어딘지 구분을 못 하고 있었지만, 나에겐 구글맵이 있기에 쉽게 료칸에 도착했다. 일본의 온천은 대부분 료칸 안에 있다. 내가 온 아지로 온천도 이 료칸 안에 있다는 것. 건물 안으로 들어서자 가장 먼저 유카타가 눈에 보였다. 우선 숙소에 짐을 풀고 온천은 저녁에 가기로 했다. 시계를 보니 아직 오후 1시밖에 안 됐기에 주변 관광을 하기로 했다.

언뜻 일본 영화를 봤었는데 이곳은 자전거로 해안가를 따라 해안 도로를 달리는 것이 유명하다고 한다. 항구 마을인 만큼 주변이 바다였고 날씨도

좋고 걷기에도 좋았다.

    다시 숙소로 돌아와 유카타를 입고 온천에 들어갈 준비를 했다. 유카타는 위아래가 구분되어 있지 않고 오비라는 작은 띠를 이용해서 묶으면 된다. 나도 처음엔 오비로 묶을 줄 몰라 애를 먹었지만, 직원의 도움으로 간신히 묶었다. 그렇게 온천으로 가기 위해 위층으로 올라갔다. 온천에 들어서기 전에 휴게공간도 있다. 탕은 2개로 나누어져 있는데 사람이 없으면 들어갈 수 있다. 30분 정도 시간을 정해 두고 온천욕을 할 수 있기에 미리 알아 두자.

    탕으로 들어갔고 믿지 못할 풍경을 봤다. 창문 너머로 항구의 야경이 보였고 드넓은 바다가 펼쳐져 있었다. 그리고 하늘에는 수많은 별들이 떠 있었다. 사진으로 남기지 못해 너무 아쉬운 순간이었다. 살면서 이렇게 아름다운 모습을 볼 수 있을까? 말이 나오지 않았다. 아니 오히려 눈물이 나오려고 했다. 내가 유독 감성적일 수 있겠지만, 이 아름다운 풍경을 보고 있자니 그동안 일본에서 적응하느라 고생한 나에게 선물이라도 주는 듯했다. 온천욕을 마치고 감동의 여운이 가시지 않은 채 방으로 들어왔다. 사전에 말했던 저녁상이 차려져 있었다. 예약하고 온 료칸은 당일 저녁과 아침이 코스 요리로 준비되는 것이었다. 전통 일본 음식을 먹으며 근처 편의점에서 사 온 에비스 맥주와 후식으로 나온 과일로 하루를 마무리했다.

아마 잊지 못할 일본에서의 온천 여행일 것 같다.

아타미

일본 워킹홀리데이 D+46

아지로에서의 이튿날. 온천욕을 하고 나니 잠을 푹 잔 것 같다. 개운한 마음으로 아침에 일어나 숙소를 정리하고 밥 먹을 준비를 했다. 아침 식사도 어제와 마찬가지로 코스 요리로 나왔다. 저녁보다 푸짐한 양 덕분에 배부르게 먹고 숙소를 나오니 오전 11시가 되었다. 둘째 날의 목적지는 이즈 반도, 일본 최대의 온천 관광 도시 아타미였다. 그래서 바로 전철을 타고 아타미 역으로 향했다.

역에서 내리자 앞에 보이는 것은 아타미 전통 시장. 우리나라의 전통 시장과 다를 게 없었다. 시장 안으로 들어가니 각종 특산물과 시골 냄새가 나를 반겼다. 시장 안을 둘러보다 일하고 있는 가게와 일본 어머니께 드릴 선물을 사고 이즈 반도를 보기 위해 전망대에 갔다. 버스를 타면 쉽게 갈 텐데 걸으면서 볼 수 있는 주변 풍경들이 좋았다. 전망대에 올라 뻥 뚫린 태

평양을 보니 만화 '원피스'가 생각났다. 선장 루피가 선원들을 데리고 곧 출항이라도 할 것 같았다.

이즈 반도를 구경하고 더 늦기 전에 출발해야겠다는 생각에 도쿄 역으로 향했다. 그리곤 여행이 아쉬운 마음에 오다이바에 갔다. 오다이바는 도쿄에서 내가 가장 좋아하는 장소다. 〈슈퍼맨이 돌아왔다〉 추사랑이 사는 집이기도 한 오다이바는 도시 안에 인공 호수로 만든 곳이다. 볼거리, 즐길 거리, 먹거리도 많을뿐더러 야경으로 유명한 레인보우 브리지가 있어 외국인 관광객들도 많이 찾는다. 특히 오다이바의 상징 자유의 여신상은 많은 사람의 포토존이 되기도 한다.

해안가에서 잠시 쉬다가 저녁을 먹으러 하와이안 햄버거 가게에 갔다. 햄버거를 먹으며 노을이 지는 레인보우 브리지의 녹색 빛깔은 그야말로 환상적이었다. 레인보우 브리지는 매일 다른 일곱 가지의 색 때문에 이름이 붙여졌다고 한다. 곧 저녁이 되었고 수상 버스를 타고 신바시 역으로 향하는 중 저 멀리 빛나는 도쿄타워, 레인보우 브리지의 녹색 빛깔과 함께 시원한 바람을 맞으니 여기가 천국이 아닌가 싶다. 감동의 순간도 잠시 배는 도착했고 1박 2일의 짧은 온천 여행은 이렇게 끝이 났다.

인복

일본 워킹홀리데이 D+58

    나는 확실히 인복이 있다. 어딜 가든 좋은 사람들만 만나기에. 다른 가게는 모르겠지만, 우리 가게에서 일하는 형들은 다 좋다. 가게에 처음 들어왔을 때 모든 것이 낯설었다. 처음 보는 사람들. 나보다 나이도 많고 일본어도 잘할 테니 자신감이 없었고 어떻게 하면 '기용주'라는 사람을 잘 보일 수 있을지 생각했다. 그러나 이제는 그렇지 않다. 그냥 지금 기용주의 모습을 이해해 주고 생각해 주는 형들이 있기 때문이다.

    어디를 가든 사람 냄새 나는 곳은 다 똑같다. 단지 어떤 사람들과 만나서 어떻게 어울리느냐에 따라 다른 것뿐이다.

지진

일본 워킹홀리데이 D+61

오늘은 5월 5일 어린이날이다. 일본도 5월 5일 어린이날이 있다. 그래서 공휴일인데도 불구하고 가게에서 일이 끝나고 형들과 술을 마시다 보니 지하철이 끊겨 택시를 타고 신오쿠보의 한국 피시방에 갔다. 그동안 한국에 있었던 뉴스들과 각종 정보를 보고 있는데 누군가 내 뒤에서 의자를 계속 밀었다.

처음에는 그냥 지나가나 보다 하고 좁은 통로니 이해하자는 생각을 했는데 계속 의자를 미는 것이었다. 순간 참다못해 짜증이 나서 뒤를 돌아보니 아무도 없었다. 끼고 있던 이어폰을 귀에서 빼니 여기저기서 사람들이 소리를 지르고 앞에 있던 모니터는 심하게 흔들리고 있었다. 그리곤 나도 중심을 잡지 못하고 흔들렸다.

'이게 말로만 듣던 지진인가?' 생각하고 어찌해야 할지 몰랐다. 약 30초 간 지속되었고 뛰쳐나가는 사람들도 있었고 제자리서 몸을 숙이고 있는 사람들도 있었다. 정말 순식간의 일이라 당황스러웠다. '제발 지진이 끝나게 해 주세요'라고 말한 순간 감쪽같이 흔들림은 멈췄고 마음의 안정을 되찾았다. 정확히 새벽 5시 18분이었다. 30초가 5분처럼 길게 느껴졌던 순간, 휴대폰에 알람이 왔다. 방금 지진은 도쿄를 중심으로 일어난 진도 5의 흔들림이었다. 진도 5의 흔들림이 이 정도였다는 걸 몸으로 느끼니 지진의 무서움을 체감할 수 있었다.

집으로 왔더니 어머니는 괜찮냐고 물으시며 다독여 줬고, 지진이 일어났다는데 괜찮냐며 한국에서 친구들의 안부 연락이 왔다. 실제로 느껴 본 지진은 무서웠고 이제 괜찮다고 말하곤 긴장이 풀렸는지 잠이 들었다.

DBC 어학교

일본 워킹홀리데이 D+86

오늘은 1분기 어학교가 끝나는 날이다. 3분기로 나누어져 있는데 내가 다녔던 3월~5월까지는 1분기다. 그리고 마지막 날인 오늘, 학기를 마무리하는 의미로 치바 현에 있는 공원에서 바비큐 파티를 하기로 했다. 고등학교 이후로 단체로 소풍을 간 적이 없었는데 성인이 되고 학교에서 놀러 간다고 하니 어린아이가 된 것처럼 들떠 있었다.

어학교 앞에서 아침 9시까지 만나 단체로 이동했다. 많은 인원이 이동하다 보니 불편했지만 그래도 소풍이니 기분이 좋았다. 가는 길 중국인 친구들과 이야기하다 보니 어느덧 도착했다. 이미 바비큐 준비를 하고 있던 어학원 관계자들은 우리를 맞이했다.

클래스별로 반을 나누고 자리를 잡은 뒤 본격적으로 그릴 위에 고기와 양파 소시지를 같이 구웠다. 고기를 자르고 있는 중국인과 베트남인을 보고 나는 여기서 한국인의 위상을 보여 주겠다는 생각에 나서서 고기를 멋지게 잘랐다. 그리고 소시지에도 가위로 칼집을 내어 주방에서 갈고 닦은 요리 솜씨를 보여줬다. 같은 반 한국인 누나가 '역시 한국인 남자' 하면서 칭찬해 줬다.

배부르게 고기를 먹고 주변에 있는 해안가로 갔다. 단체 사진을 찍고 학교에서 자유 시간을 주었고 몽골, 베트남, 중국인들과 어우러져 축구를 했다. 남자들끼리 운동을 하면 친해진다더니 다국적 친구들과 축구로 하나가 되었다. 국가를 넘어 사람들과 어울리는 것 정말 좋은 것 같다.

어학교도 이제 방학에 들어가니 생활하는 게 조금 여유로워졌다. 이제 편안하게 늦잠을 자야겠다.

결심

일본 워킹홀리데이 D+110

한국 가게(Kollabo)에서 일한 지 이제 3개월이 조금 지났다. 주방 일도 적응이 됐고, 일본어로 된 가게 재료들과 음식들도 이제 다 외웠다. 항상 가게에 30분 일찍 오던 습관도 10분으로 줄어들었다. 주방 형들에게 칭찬 받는 일이 가끔 생겼다. 특히 요리에 신념을 갖고 최선을 다하는 진근이 형에게 기본적인 요리 지식을 배웠다. 이제는 언제까지 이곳에서 일할 수 없다. 다른 도전을 하지 않는 이상 나는 이 상황에 만족하고 남은 일본 워킹홀리데이 생활을 마무리할 수도 있다. 하지만 언어도 늘었고 일본어와 일본의 서비스 마인드를 배우러 왔기에 앞으로는 전통 일본 가게에서 일해야만 한다.

언제 일을 그만둘까 생각하다가 오늘 말씀을 드렸다.

"형님, 곧 일을 그만두려고 합니다."
"갑자기 왜? 무슨 일 있어? 한국으로 돌아가니?"

처음 가게에 들어올 때 오래 일할 생각은 없다고 이야기했지만 갑작스러운 나의 이런 말에 형들은 당황했다.

"아니요. 제가 일본에 온 가장 큰 이유는 일본어와 서비스를 배우기 위해서 왔습니다. 언제까지 한국 가게에서 일할 수는 없다고 생각합니다. 그래서 일본 가게에서 일하려고 합니다."
"용주야, 네가 너무 좋게 생각하는 것 같은데 일본 가게 가면 엄청 힘들

거야. 지금 네가 일하는 곳이 사람들도 착하고 한국 가게라서 그렇지 만약 일본 가게에서 일한다면 곧 그만둘 거라고 생각해. 오래 못 버틸 거야. 잘 생각해 봐."

"네, 형. 저 충분히 생각하고 말씀드리는 거예요. 분명히 일본 가게에 가면 저 혼자 외국인이고 말도 잘 통하지 않는 일본 문화에서 적응하려면 힘들겠죠. 그런데 그런 힘듦을 견디지 못하면 앞으로 살아가면서 더 큰 기회와 도전이 있을 때 나아가지 못할 것 같습니다. 그래서 저 자신의 한계에 도전해 보고 성장하고 싶습니다."

"그래, 네가 그렇게까지 생각한다면 어쩔 수 없으니 사장님께는 잘 말해 볼게."

그렇게 나는 가게를 그만둔다는 말을 해 버렸다. 이제 돌이킬 수 없다. 가게에서는 나 대신 다른 사람을 고용할 거고. 남자가 한번 내뱉은 말은 주워 담을 수 없으니 새로운 일을 구해야 한다. 그리고 형님들께 잘하고 있다고 보여 줘야 한다.

이번 주 토요일까지 일을 하고 그만두기로 했다.
시원섭섭하기도 하지만 한편으로는 마음이 가볍다.

퇴사

일본 워킹홀리데이 D+115

오늘은 토요일. 정들었던 아카사카 Kollabo에서의 마지막 날이다. 그동안 가게 형, 누나들에게 많은 사랑을 받아서 감사하면서도 죄송스럽다. 항상 출근하고 돌아오는 길, 익숙하게 봐 왔던 것들이 이제는 그리움으로 변할 것이다. 형들에게 혼나고 가게를 뛰쳐나가고 싶었던 일들도 추억으로 변할 것이다. 한국으로 돌아가는 것은 아니지만, 앞으로 이곳에 올 일은 별로 없기 때문이다. 먼 타지 일본에 와서 각자의 스토리와 사연이 있는 사람들의 만남은 더 애틋하고 소중하게 느껴진다. 그렇기에 이별도 힘든 법.

그래서 오늘은 마지막으로 회식하기로 했다. 형들은 짓궂게 앞으로 놀러 오지 말라는 등 농담을 던졌다. 일 못 하고 속 썩였던 애물단지가 그만둔다고 하니 속이 시원하기도, 아쉽기도 할 것이다. 어쩌면 그것이 형들이 택한 이별의 방법일 수 있겠다. 이제 와서 생각해 보니 처음 일본에 와서 한국 가게에서 일하지 않겠다 다짐했던 것들이 부질없었다는 걸 느낀다. 타지에서 한국 사람들을 알고 지낸다는 것. 내가 외로움에 견디고 버틸 수 있게 해 주는 버팀목이 아닐까도 생각해 본다.

나에게 요리에 큰 가르침을 주었던 진근이 형, J형 그리고 뒤에서 챙겨 주었던 승기 형, 동갑내기 친구 세라, 덕영이 형, 현석이 형 모두 감사합니다.

제2의 일자리

일본 워킹홀리데이 D+118

오늘은 7월의 첫날이다. 이제는 학교도 일도 가지 않는다. 그래서 시간이 많다. 일본에서 백수가 되었으니 일을 빨리 구해야 한다. 앞으로 일본어 공부보다 일하는 시간에 투자를 더 할 생각이다. 이제 일본어도 3개월 전보다는 많이 늘었으니 자신 있었다. 오랜 시간 일할 곳을 찾아야 한다. 한국의 알바몬과 같이 일본에도 유명한 일본 구직 사이트가 있다.

며칠 동안 검색해서 일본 카페와 식당, Bar 등에서 면접을 봤다. 신주쿠, 시부야, 이케부쿠로와 같이 도심 쪽에 있는 곳을 여러 군데 다녔다. 혹시나 하는 마음에 동유모 사이트도 검색해 가며 면접 응시를 했다.

결과는 단, 한 군데도 흔쾌히 OK 하는 곳이 없었다. 면접을 보니 일본어 실력이 일할 정도는 안 됐나 보다. 갑자기 일본어 실력에 자신감이 떨어지고 작아지기 시작했다. 역시 나는 해도 안 되는 건가. 처음 일본에 왔을 때의 치욕을 또 한 번 느꼈다. 나에게 화가 났다. 너무 자만했던 걸까? 일하는 데 중요한 것은 읽고 쓰는 문제가 아니었다. 말하기와 듣기가 안 되니 나를 채용할 수는 없는 노릇이었다.

특히 서비스 강국인 일본에서 어눌한 외국인을 데려다가 일을 시킬 순 없으니 말이다. 좌절했다. 그리고 한국으로 돌아가고 싶다는 생각을 했다. 그렇게 이틀을 술을 먹으며 신세 한탄을 하고 있던 찰나. 에비스의 몬쟈 가게에서 연락이 왔다. 나를 채용한다는 합격 통보였다. 이럴 수가! 일본 전통 음식점인 몬쟈 가게에서 나를 채용한다고? 잘못 본 건가? 내가 지금 꿈을 꾸고 있는 건가? 생각에 볼을 꼬집어도 보고 소리도 질러 봤다. 빨개진 볼이 아프기만 할 뿐 현실이었다. 나를 채용한단다. 세상이 나를 버리지는 않았나 보다. 너무 좋았다. 이 사실을 빨리 일본 어머니와 가게 형들에게 알려야 했다.

물론 일을 하다가 잘릴 수는 있다. 하지만 나에게 일할 기회를 줬다는 것과 도전할 수 있다는 것 자체만으로 행복했다.

일본어 능력 시험

일본 워킹홀리데이 D+123

오늘은 일본어 능력 시험을 보러 가는 날. 그동안 공부한 실력의 결과가 매정하게 나올 것이다. 그러니 담담하게 시험에 응시할 것이다. 일본에 온 가장 큰 이유는 일본어였고 한국에 가기 전 일본어 능력 시험 최상위 레벨인 JLPT N1을 따고 한국에 가겠다는 생각을 했다. 사실 자격증에 그렇게 연연하지는 않는다. 그렇지만 '학벌', '학위', '스펙'을 중요시하는 한국 사회에서 일본에 1년간 왔는데 무언가라도 하고 가지 않으면 헛짓거리하고 왔다는 이야기가 들릴까 봐 증명할 어떤 것이 있어야 한다는 생각에 결심한 것이다.

일본어 능력 시험은 1년에 2번 있는 시험인데. 한국과 같은 날짜에 시험을 본다. 7월과 12월에 있으므로 기회도 많지 않다. 내 목표대로라면 이번 시험에서 JLPT N2(일본어 능력 시험 2급)를 따야 12월에 JLPT N1(일본어 능력 시험 1급)을 따고 한국에 들어갈 수 있다. 그래서 무조건 따야 한다. 시험 전날은 일찍 자야 한다는 생각에 마음 놓고 편히 잤는지 아침 일찍 눈을 떴고 시험 당일이 돼서야 긴장한 나머지 시험 장소로 가는 내내 책을 붙들고 있었다.

그렇게 일본에서의 JLPT(일본어 능력 시험) 시험은 끝이 났고 일본 가게 첫 출근이 시작되었다.

몬쟈 가게

일본 워킹홀리데이 D+124

어제 첫 출근을 한 이후 오늘은 두 번째 날이다. 첫날에는 가게가 운영되는 시스템과 분위기를 익히며 가게 사람들과 인사한 뒤 음료 바에서 일했다. 일은 1주일에 한 번 쉬고 매일 오후 세시 반부터 밤 열한시 반까지 하기로 했다. 우리 집에서 에비스 역까지는 지하철로 40분. 에비스 역에서 가게까지는 걸어서 5분 정도 걸린다.

'시간 약속'이 철저한 일본에서는 늦으면 안 되기 때문에 오후 두 시에는 출발해야 한다. 만약에 지각을 하게 되더라도 미리 늦는 이유를 말하지 않으면 그때부터는 내 이미지와 직결되기 때문에 좋지 않다. 일본은 한국 사회처럼 너그럽게 용서해 주지 않는다. 예를 들어 출근이 오후 세 시까지인데 세 시 일 분에 가게에 도착한다면 한 시간 시급은 못 받는다.

가게에 도착해 창고에 가서 옷을 갈아입은 뒤 주방으로 들어갔다. 몬쟈 가게는 영업시간이 월~목 17:00~1:00/ 금, 토 17:00~4:00/ 일, 휴일 17:00~23:00이다. 식당인데도 불구하고 늦은 시간까지 영업하는 이유는 업종이 이자카야(술집)이기 때문이다.

몬쟈 가게의 특성상 음식에 야채와 해산물이 많으므로 주방에서는 오픈 시간 전까지 손질할 재료들이 많다. 그래서 텐쵸(점장)와 직원은 한 시간 전에 미리 출근하여 재료들을 손질한다. 나는 홀 청소를 하고 테이블 세팅을 한 뒤 택배 온 물건들을 진열했다.

어느덧 오후 다섯 시가 되었고 앞으로 약 2주 정도는 음료 바에서 일하라는 역할을 줬기에 손님 맞을 준비를 하고 있었다. 내가 일하는 위치가 손님을 가장 먼저 발견하는 자리라서 긴장이 됐다. 이곳은 몬쟈를 판매하는 이자카야(술집)라서 목소리가 크고 밝아야 한다. 그래서 손님이 오면 이랏샤이마세(어서 오세요)라고 큰 소리로 외쳐야 가게의 전체적인 분위기를 좌우할 수 있다. 한국에서 식당에 들어갔는데 종업원이 아무도 인사하지 않고 손님을 뻘쭘하게 만드는 것과 같은 느낌이다.

속으로 이랏샤이마세를 반복한 나는 긴장한 나머지 결국 실수를 저지르고 말았다. 누군가 문을 열고 가게에 들어서자마자 "오하요고자이마스!"라고 외쳤다. 일본의 인사말은 세 가지가 있다. 아침에는 '오하요고자이마스', 점심엔 '곤니찌와', 저녁엔 '곤방와'이다. 한마디로 초저녁인 오후 다섯 시 반에 아침 인사를 우렁차게 했던 것이다. 손님도 당황했고 나도 당황했다. 그리고 가게의 직원들도 당황했다. 행동으로 보여 주겠다고 했던 내 생각과 달리 둘째 날부터 큰 실수를 해 버렸다. '이젠 어쩌지. 나 잘리는 건가…' 생각하던 찰나에 손님은 웃으면서 가게에 들어왔고 텐쵸(점장)는 '많이 긴장했구나.' 하면서 나를 다독여 줬다. 쥐구멍이라도 있으면 숨고 싶다는 느낌이 이런 걸까? 그렇게 손님을 받고 본격적으로 음료 주문을 받았다.

나는 아직 홀에서 일할 정도의 일본어 실력은 아니기에 음료를 만드는 바에서 일했다. 모든 메뉴와 레시피가 일본어로 돼 있는 것도 모자라 술 종류가 많은 일본에서 외울 것이 한두 가지가 아니었다. 첫날 수첩에 적고 메뉴판을 사진으로 찍어서 하루 만에 공부한다는 것이 쉬운 것은 아니었다. 갑자기 주문이 들어오니 멘붕이 오기 시작했다. 우롱차를 내가야 하는데 재스민 차를 내갔다. 실수를 연달아 한 것이다. 나는 어디에서 일하든지 실수를 한 번 하면 반복하는 습관이 있다. 그렇게 둘째 날은 만족스럽지 못한 상태로 열한시 반이 되어 퇴근했다.

집으로 돌아가는 길. 역시 일본 가게에서 일한다는 것은 만만치 않았다. 예상은 했지만, 몸으로 부딪혀 보니 신경 쓸 게 한두 가지가 아니었다. 언어, 메뉴 레시피, 서비스 마인드, 어느 것 하나 갖추어진 것이 없어서인지 정신적, 육체적으로 힘들었다. 하지만 여기서 무너진다면 내가 처음 내뱉은 말은 지키지 못하게 된다. 그러니 노력이라도 해서 행동으로 보여 줘야 한다.

이제 둘째 날이다. 최소한 일주일은 기회가 있다. 보여 주겠다. 군대 다녀온 한국인 남자의 의지가 어떤지.

몬쟈 가게 주방

일본 워킹홀리데이 D+13일

일한 지 8일째, 오늘부터는 주방에서 일한다. 텐쵸(점장)가 일을 잘한다며 보통 2주 정도 일하는 음료 바를 떠나 이젠 주방에서 일하란다. 일은 못한다고 생각했지만, 열심히 노력한 결과이다. 몬쟈 가게에서 일을 배우는 단계는 음료 바 〉 주방 〉 철판 〉 홀 순서이다. 아직 올라가려면 한참 남았다. 가게에서 가장 기본은 주방이다. 모든 음식과 메뉴를 알아야 홀에서도 일할 수 있다는 것은 어디에 가서든 마찬가지이다. 음식에 대한 이해가 없으면 홀에서도 손님을 받을 자격이 없다는 일본 문화에서는 말이다.

특히 일본은 경어체와 존경어, 겸양어 등 높임말이 상당히 어렵다. 외국인인 나에게는 너무나 어려웠으므로 이제는 주방에서 기본에 충실할 때가 왔다. 그동안 한국 가게에서 주방 형들에게 혼나며 갈고닦은 요리 실력을 보여 줄 때가 왔다.

처음 주방에 들어갔을 때는 음료 바와 마찬가지로 뭐가 뭔지 하나도 몰랐다. 차근차근 사진을 찍어가며 온갖 레시피와 재료들의 일본말을 외워가며 일했다. 주방은 최소 한 달은 일해야 익숙해진다고 한다. 그래도 다행인 것은 어느 주방이든 기본적으로 지켜야 할 것들은 똑같아서 일하는 것이 그나마 편했다. 물건을 쓰면 무조건 제자리에 갖다 놓고 다음 일을 하는 것, 전표를 읽기 위해 일본어로 요리와 재료들을 알아둘 것, 뜨거운 음식과 칼이 지나다니니 첫째도 안전, 둘째도 안전, 다치지 말 것 등등.

앞으로 정확히 2주 안에 주방 일을 마스터하겠다. 가게에서는 국적보다 그 사람의 가치와 실력을 인정해 주니 보여 주겠다.

몬쟈 가게 사람들

일본 워킹홀리데이 D+133

일본은 일할 때는 한국처럼 형, 동생, 누나 이런 게 없고 나이와 상관없이 무조건 선배 후배 개념이다. 몬쟈 가게에서는 나를 포함한 여섯 명의 아르바이트생, 두 명의 직원, 텐쵸(점장)가 있다.

료우상

이름: 脇田遼(료우)/ 나이: 21살/ 거주지: 요코하마/ 특징: 여자를 좋아함.

가게에서 일한 지 2년 반이나 된 료우는 유럽으로 여행했던 경험이 있기 때문인지 외국인인 나를 배려해 주고 일본어를 잘 못 하는 내게 항상 차근차근 설명해 준다. 그래서 늘 가게에서 의지할 수 있는 친구이다. 어린 나이에 생각도 깊고 배울 점이 많으므로 나중에 나이를 알았을 땐 솔직히 놀랬다. 여자 친구가 있음에도 불구하고 가끔 한국 여자를 만나고 싶다고 소개해 달라곤 하는데 내가 봤을 땐 남들보다 여자를 유독 좋아한다.

에무라신

이름: 江村しん(에무라신)/ 나이: 20살/ 거주지: 도쿄/ 특징: 관찰력이 뛰어남.

필리핀과 일본인 사이에서 태어난 혼혈인 신은 관찰력이 좋아 상대방 묘사를 잘한다. 특히 텐쵸(점장) 따라 하기가 주특기이다. 국적은 다르지만, 행동이나 말하는 것이 너무 재미있어 가게에서 분위기 메이커를 담당하고 있다. 주방과 음료 바를 왔다 갔다 하며 메인은 주방에서 일한다. 칼솜씨가 뛰어나 각종 재료 손질은 신이 담당하고 있다. 가끔 나에게 장난이 심하긴 하지만 밉지 않은 친구이다.

타쿠야

이름: たくや(타쿠야)/ 나이: 20살/ 거주지: 도쿄/ 특징: 스타일이 좋음.

아오모리 현이 고향인 타쿠야는 대학교를 도쿄로 와서 자취하고 있다. 신과 대학교 친구이며 한국의 G-드래곤을 좋아한다. 가끔 본인이 G-드래곤과 닮았다고 하는데 속으로 비웃곤 한다. 패션 감각이 뛰어나며 나와 옷 이야기를 자주 하는 친구이다. 철판 요리를 배우는 중이며 텐쵸(점장)한테 항상 혼난다. 아직 본인도 부족하다고 느끼며 열심히 노력 중이다. 성격만큼은 매사에 긍정적이며 밝은 친구이다.

이름: ゆき(유키)/ 나이: 21살/ 거주지: 도쿄 시부야/ 특징: 트집 잡기.

시부야에 사는 유키는 엄청난 미인이다. 처음에 나에게 상냥하고 친절하게 대해 줘서 좋게 생각했지만 내가 무엇을 할 때마다 트집을 잡곤 했었기에 시간이 지날수록 제일 싫어했던 동료가 되었다. 담배를 초등학교 3학년 때부터 피웠다는 유키는 어렸을 때부터 양키(양아치)였다고 본인이 말하곤 했다. 생김새와 다르게 성깔이 있었는데 자기가 기분이 좋지 않으면 그 자리에서 표현한다.

이름: だいじ(다이지)/ 나이: 21살/ 거주지: 도쿄/ 특징: 어리바리하다.

다이지는 내가 일한 지 한 달 후에 들어왔다. 일하면서도 제일 안타까운 친구이다. 일을 너무 못한다. 항상 텐쵸(점장)에게 혼이 나고 가게 직원도 포기한 친구이다. 그나마 다행인 건 항상 웃는다. 바보 같을 정도로 웃는 얼굴을 하고 있기에 미워할 수 없는 친구이다. 그래서 뒤에서 묵묵히 챙겨 주곤 한다.

이름: いのうえ(이노우에)/ 나이: 32살/ 거주지: 도쿄/ 특징: 말이 없다.

일한 지 3년이 넘은 이노우에 상은 가게에서 텐쵸(점장)와 동반 입사했다. 텐쵸와 같이 매일 가게에 가장 일찍 나오고 가장 늦게 퇴근하는데 말이 너무 없다. 그리고 말할 때 답답할 정도로 소리가 안 들린다. 시간이 지날수록 서로 간의 오해가 쌓여 가게에서 이 사람 때문에 일을 그만두고 싶다고 생각한 적이 여러 번 있었다. 둘이 가게에 있을 때는 대화가 없다. 나중에 안 사실이지만 가게에서 이 사람은 악마 역할을 했던 것이다. '모든 가게 사람들이 편하다고 생각하면 일이 돌아가지 않고, 가게의 분위기가 항상 밝고 재미있으면 그중에 누군가는 총대를 메야 한다.'라는 것이 이노우에 상의 생각이었다.

이름: いと(이토)/ 나이: 43살/ 거주지: 도쿄/ 특징: 카리스마가 있다.

오릭스(아프리카 동물)를 닮은 이토 상은 가게에서 가장 오래 일을 했으며 텐쵸(점장)에게 일을 가르쳤던 분이다. 개인적인 일을 하고 있다가 일손이 부족한 가게의 사정상 일을 같이하곤 했다. '남자'라는 말이 어울릴 정도로 멋있는 분이다. 일본 사람 같지 않은 쿨한 성격과 카리스마가 있다. 일도 잘할뿐더러 가끔 실수하는 직원들이 텐쵸(점장)에게 걸릴까 봐 실수를 감싸 주고 배려해 준다. 모든 직원이 존경하는 분이기도 하다. 일이 끝나면 먼저 퇴근하는 나에게 맛있는 마카나이(일 끝나고 먹는 음식)을 자주 해 줬다.

이름: 텐쵸(점장)/ 나이: 40살/ 거주지: 도쿄/ 특징: 깐깐하다.

店長(점장)이기 때문인지 가게에서 가장 잔소리가 심하고 사소한 것에 예민하다. 한번 잘못하면 큰일 난다. 왜냐하면 잘못한 것에 대해 일이 끝날 때까지 집요하게 말하기 때문이다. 요리에 관심이 많고 일할 때는 아무리 바빠도 밥은 준다. 사람은 어디 가서도 굶으면 안 된다는 생각을 하고 있다. 부산에도 몇 번 갔었다고 하는데, 특히 한국인 특유의 정을 좋아한다. 유일하게 알고 있는 한국말은 '이모'이다. 나를 채용해 준 은인이기도 한 텐쵸(점장)는 어디를 가든 일하는 데 '국적'보다 '사람'을 중요하게 생각하는 사람이다. 그 사람의 가치와 실력을 보고 평가하기 때문에 한국인인 나를 채용했다고 한다.

이러한 가게 사람들과 일하는 나는 이곳에서만큼은 외국인이 아닌 '한 사람'으로서 인정받고 있다.

애국심

일본 워킹홀리데이 D+135

가게에서는 유일한 한국인 남자라서 그런지 애국심이 생기고 모든 한국 남자의 '국가 대표'가 된 것처럼 언행을 조심하게 된다. 특히 군대를 다녀온 한국인이라면 더욱 그렇다. 한국의 남자들은 전쟁에 대비해 군대에 가서 체력을 기르고 훈련을 받으니 외국에서는 우러러볼 수 있기 때문이다.

하지만 일본 남자는 의무적으로 군대에 가지 않는다. 병역의 자유가 있으므로 미국과 같이 '직업 군인'으로 군대에 간다. 반대로 전쟁 중인 한국에서는 의무로 군대에 가야 하므로 일본 사람이 볼 때는 신기한 것이 당연하다. '군대에서 실제로 총을 써봤느냐', '훈련은 어떠냐'라고 물어볼 때면 내가 대견하기도 하고 한국인 남자라는 것에 자부심을 느끼게 된다. 그래서 더욱 일을 열심히 했던 것 같다.

외국에 나가서 살아간다는 것은 육체적으로뿐 아니라 정신적으로 힘들 것이다. 한국인의 이미지를 대표하기 때문이다. 가끔 한국역사와 문화를 물어보는 외국인들이 많다. 질문에 대답하지 못할 땐 스스로 창피함을 느낀다. 내가 이렇게 우리나라의 역사와 문화를 몰랐었나?

언제는 '독도' 이야기로 싸운 적이 있었다. 분명 독도는 우리 땅인데 구체적인 근거를 들어 설명하지 못했다. 그런 내가 부끄러웠다. 외국에서 살아간다는 것은 참으로 어렵다. 그럼에도 불구하고 더욱 한국을 사랑하고 한국인인 것을 자랑스럽게 생각할 것이다. 곳곳에 '삼성'이라는 간판이 보이고 사람들은 '삼성 갤럭시' 휴대폰을 쓰고 있고 '현대 자동차'를 타고 다니는 것이 보이니 말이다.

그렇기에 나는 외국에 있는 청년들을 응원한다. 보이지 않는 대한민국의 '국가 대표'이기 때문이다.

스탠드 Bar

일본 워킹홀리데이 D+139

　가게에서도 일한 지 이제 2주일이 되었다. 아직 주방에서 외울 것도 많고 할 것도 많지만 그래도 이제 적응해 가고 있다. 그러다 보니 욕심이 생겼다. '어차피 돈을 벌어서 여행 가는 게 목적이라면 지금 공부하는 시간에 일을 더 해서 돈을 바짝 벌어보는 것도 나쁘지 않다.'라고 생각했다. 그래서 밤에 일할 수 있는 일을 찾다가 우연히 신오쿠보(한인타운)의 스탠드 Bar에서 일할 기회가 생겼다.

　Bar에 여자들이 앉으면 주문을 받고 음료나 술을 갖다 주고 대화를 나누는 일이다. 첫날 일하고 '호스트바'는 아닌데 괜히 자존심이 상하고 이렇게까지 돈을 벌어야 하나라는 생각을 했다. 일하는 직원들은 곱상하게 생긴 남자들이 대부분이었고 나보다 어린 남자애도 있었다.

　이틀째가 된 날, '그래도 이왕 일하기로 한 거 책임감 느끼고 하자!' 다짐하고 일을 했지만, 집으로 돌아가는 새벽 다섯 시. 역시 이건 아닌 것 같았다. 내가 잠시 돈독이 올랐나 생각도 해 보고 차라리 다른 일을 해 보자 생각을 하고 결국, 3일째 되는 날 일을 그만둔다고 말했다. 그렇게 짧았던 나의 투 잡은 끝이 났다.

스마트폰

일본 워킹홀리데이 D+151

요즘 새로운 일자리를 구하지 못한 채 몬쟈 가게와 일본어 공부에 집중하고 있다. 변함이 없는 것은 매일 일이 끝나고 맥도날드에 가서 새벽 5시까지 공부한다는 것. 사실 이번에 일본어 능력 시험(JLPTN2)에서 떨어진 이후부터 일본어에 자신감이 없어졌다. 물론 아쉽게 2점 차이로 불합격을 받았지만 반대로 생각하면 2점 차이로 합격이라는 선을 넘어서 자격증을 받았더라도 아마 만족할 만한 점수를 얻지 못했다는 것에 더 화가 났을 것이다. 언어의 발전은 3개월 단위라고 했으니 이제 5개월째다. 12월에는 꼭 일본어 자격증을 따리라 생각하며 아침부터 도서관에서 공부하고 있었다.

도저히 집중이 되지 않아 결국 토모키에게 만나자고 연락을 했다. 우리는 '스이도바시'라는 도쿄 내 도쿄 돔 시티의 놀이공원에 갔다. 즐겁게 놀이 기구를 타다 보니 스트레스가 없어지고 기분이 풀렸다. 그리고는 간단하게 맥주를 먹으며 이야기를 했다.

"토모키, 나는 일본어를 공부하러 왔어. 그런데 이번에 일본어 능력 시험(JLPTN2)에 떨어지고 나서 자신감도 없어지고 매사에 의욕이 생기지 않는 것 같아."

"용주야, 너는 한국에서 온 외국인이고, 이렇게 먼 곳까지 와서 생활한다는 것 자체가 대단하다고 생각해. 그리고 지금의 너는 충분히 일본어를 잘해. 이제 일본에 온 지 5개월 됐는데도 불구하고 이 정도의 회화 실력이라면 앞으로 발전할 가능성이 크다고 생각해."

"그렇게 얘기해 주니 마음의 위안이 되네. 그런데 요즘도 일본어에 대한

스트레스가 너무 심해서 급한 성격 때문인지 일본어 실력이 빨리 늘었으면 하는 마음이 커. 그렇다고 공부를 대충 하는 것도 아닌데 말이지. 오죽하면 잘 때도 일본어로 잠꼬대할 정도니까."

"용주야, 사람은 '스마트폰'과 같다고 생각해. 스마트폰에는 여러 가지 앱을 깔잖아. 지금 너는 일본어라는 앱을 깔고 있어. 앱을 까는 동안에는 다운로드 %에 따라서 일본어 실력이 늘고 있는 거야. 시간이 지나면 결국 100%가 되어 일본어도 잘하게 될 텐데 다운로드 중인 일본어 앱을 조급해 할 필요가 있을까?"

"과연 '사람'과 '스마트폰'의 비유, 적절한 것 같아. 그런데 있잖아. 욕심이 많아서 그런지 일본어뿐 아니라 여행도 하고 싶고 중국어도 공부하고 싶어. 어떻게 하면 이 모든 것들을 만족할 수 있을까?"

"방금 내가 일본어라는 앱을 얘기했잖아? 쉽게 생각해서, 스마트폰에 여러 가지 앱을 동시에 다운받으면 핸드폰이 과부하가 걸리지 않아? 그러면서 다운로드 속도도 느려지고. 지금 너는 일본어라는 앱을 다운받는 중에 여행이라는 앱과 중국어라는 앱도 다운받으려고 하니까 과부하가 걸리는 거야. 그러다가 스마트폰이 렉이 걸리듯 너의 몸도 병이 날 수 있어. 그러니 한 가지만 집중했으면 좋겠어. 그게 아니라면 잠시 다운로드를 중지하고 쉬었다가 다른 앱도 깔아 보는 거야."

"토모키는 나랑 같은 나이지만 배울 점이 많은 것 같아. 정말 고마워!"

토모키는 영어와 중국어를 배우기 위해 미국과 대만에서 유학했던 경험이 있다. 그래서인지 다른 일본인들에 비해 생각도 깊고 배울 점이 많은 친구이다. 이번에도 나는 토모키에게 인생의 교훈을 얻는다.

'사람'과 '스마트폰', '능력'과 '앱'. 적절한 비유인 것 같다.

하나비(불꽃 축제)

일본 워킹홀리데이 D+153

오늘은 요코하마에서 불꽃 축제가 있는 날이다. 축제의 나라 일본은 여름에 일본 전역에서 하나비 축제가 많다. 그래서 일본에 오기 전 한일 축제 한마당에서 알게 된 일본인 친구 '밍'과 축제를 보러 가기로 했다. 이 친구는 요코하마에 살고 있어서 마침 잘된 일이었다. 우리는 일본의 3대 차이나타운 중 요코하마 차이나타운에 가기로 했다. 이곳에서 신기한 풍경을 봤는데 많은 일본인이 유카타를 입고 있는 것이었다. 일본 사람들은 유카타를 입고 불꽃놀이(하나비)를 가는 것이 여름의 대표적인 유흥거리라고 한다. 불꽃 축제도 엄청 다양하고 잡지나 신문, 방송 등에서도 어디서 어떻게 즐겨야 하는지, 근처의 숙박 시설과 음식점 등을 상세하게 알려 주니 집에 있는 것보다는 나오는 것이 좋다는 것을 많은 사람으로 증명해 주었다.

곧 19:00~20:30에 하나비가 시작된다고 하니 자리를 잡아야 할 때가 왔다. 일본에서 사람들을 이렇게 많이 본 적이 없을 정도로 어디를 가든 사람들로 붐볐다. 마땅한 자리가 보이지 않아서 30분 동안 배회하다가 곧 하나비가 시작되었다. 이러지도 저러지도 못하는 사이에 마침 강가 쪽에 자리가 비어 있는 것을 발견하고 곧장 내달렸다. 19:00에 시작해서 20:15 끝나는 시간까지 약 1만 5천 발의 불꽃을 쏘아 올리고 관람객 수가 무려 20만 명이나 된다고 하니 축제의 규모는 어마어마했다. 특히 앞에 보이는 요코하마의 바다 위에서 펼쳐지는 불꽃의 향연은 마치 세상의 모든 아름다운 색들을 하늘에 덕지덕지 붙여 놓은 듯했다. 살면서 이렇게 큰 불꽃 축제는 '서울 여의도 불꽃 축제' 이후로 처음이었다.

1시간 15분이 순식간에 지나갔고 내 옆에 있는 '밍'이라는 친구에게 고마우면서도 '요코하마'라는 일본에서 가장 좋아하는 도시에 사랑하는 연인과 오자는 다짐을 했다.

다툼

일본 워킹홀리데이 D+157

오늘 유키와 싸우고 말았다. 사건은 이랬다. 그동안 가게에서 일하면서 항상 나에게 트집을 잡았던 유키. 도저히 이해할 수 없었다. 일할 때마다 정작 중요하지 않은 것들로 나에게 시비를 걸었다. 예를 들어 물건이 살짝 틀어졌다든가 빨리 조리했다고 생각했는데 음식이 늦게 나왔다고 하든가. 가장 기분이 나빴던 것은 말을 속된 말로 싸가지 없게 했다. 언뜻 텃세가 아닐까 생각할 정도였다. 서로 간의 오해가 있었는지도 모른다. 하지만 일본 가게에서는 나이보다 선배 후배 개념이기에 유키는 나에게 반말을 한다. 동생이 기분 나쁘게 말하는 것에 화가 나지만 일본 문화이기도 하고 홀에서 일하는 유키도 나름대로 스트레스를 받겠거니 생각하며 참았다.

그런데 오늘은 도저히 참을 수가 없었다. 결국, 'おまえ何で(네가 뭔데)'라고 얘기해 버렸다. 여자에게 'おまえ'라는 것은 한국말로 '년'이라는 것과 비슷한 느낌이라고 생각할 수도 있겠다. 분위기에 따라 다르겠지만 내가 말할 때의 '어조'는 거의 그런 느낌이었다. 유키는 순간 화가 치밀어 올랐는지 나를 밀치면서 들고 있던 컵을 바닥으로 내리꽂았다. 유리병은 산산조각이 났고 일본말로 욕을 하기 시작했다. 나도 순간 분을 참지 못하고 일본어로 욕이 안 되기에 온갖 다양한 한국 욕으로 신들린 무당처럼 신랄하게 퍼부어대기 시작했다. 평상시 욕을 잘 하지 않는 내가 이렇게 다양한 욕을 할 줄은 몰랐다.

서로 언성을 높이니 주변에 있는 직원들은 말리기 시작했고 밖에 있던 점장은 시끄러운 소리가 들렸는지 주방으로 들어와 우리를 말렸다. 사람이

욱하면 아무것도 눈에 보이지 않는다는 것이 지금 이 순간이 아닐까 싶다. 그래도 이성적으로 판단하기 위해서 욕을 멈췄고 점장의 말에 다툼을 그만뒀다.

순간 나는 일이고 뭐고 다 때려치우고 가게에서 나오고 싶었다. 너무 화가 났다. 더는 일하지 못할 내 상황을 짐작했는지 점장은 나를 따로 불러냈고 침착하게 이야기했다. 자초지종을 들은 후 중립적인 입장에서 이야기하기 시작했다.

"용주야, 너는 유키보다 세 살 많은 오빠지?"
"네."
"너는 여자가 아닌 남자 아니야?"
"네."
"남자는 여자에게 져줄 줄도 알아야 해. 아무리 네가 억울하고 분해도 여자랑 싸우는 건 남자로서 아닌 거야. 네가 외국인이라서 얘기하는 게 아니야. 남자 대 남자로서 지금 얘기하는 거야."
"네. 알겠습니다. 저도 너무 흥분해서 눈에 보이는 게 없었습니다. 상황 파악을 못하고 가게 분위기를 흩트려서 죄송합니다."
"그래, 담배 한 대 피우고 가게 사람들에게 죄송하다고 말하고 네가 먼저 유키에게 미안하다고 남자답게 말해."
"그래도 먼저 미안하다는 말을 지금 바로 못 하겠습니다. 저도 조금 진정된 뒤에 따로 말하겠습니다."

그땐 왜 그랬는지 세 살 어린 여자아이에게 내가 너무 심했던 것이 아닐까 생각했다. 나도 어쩌면 속이 좁은 부족한 남자일지 모른다. 대인배가 아닌 소인배임이 확실하다. '밴댕이 소갈머리'는 나를 두고 하는 말이 아닐까 싶다.

일이 끝나고 타이밍을 잡지 못해 사과하지 못했고, 이튿날이 돼서야 유키를 따로 불러낸 뒤 사과를 했다. 알고 보니 유키는 홀에서 손님들에게 욕을 먹으니 주방에서 일하는 내가 똑바로 하지 못해서 화가 났고, 그것을 표현하는 방식이 서툴렀다. 나 또한 주방에서 스트레스를 받으며 일하니 예민했다. 결국, 그 일이 있은 뒤 우리 둘은 가게에서 가장 친한 사이가 되었다.

오다이바

일본 워킹홀리데이 D+159

매일 반복되는 일상 속 생각이 많아졌다. 원하던 일본 가게에서 일도 하고 일본어도 늘고 있는 것 같은데 여전히 내 마음속의 불안함은 남아 있다. 스물네 살의 나이에 주변 친구들과 달리 학교도 휴학하고 일본에 왔는데, 이곳에서의 생활을 과연 잘하고 있는 걸까? 스스로에게 묻고 있었다. 모든 물음의 끝은 결국 내가 정하고 결론을 내린다. 오늘도 생각이 많아진 만큼 정리할 시간이 필요했다. 그래서 오다이바에 가기로 했다. 항상 생각이 많을 땐 도쿄에서 가장 좋아하는 '오다이바'에 가곤 한다. 왠지 이곳에 오면 마음이 편안해지고 모든 생각과 잡념이 사라진다. 그리고 오로지 나에게 집중할 수 있는 시간을 갖게 해 준다.

JR 신바시 역에서 유리카모메선 모노레일을 타고 오다이바에 가는 길. 모노레일은 지하철과 다르게 선로가 하나인데, 특히 사방으로 뻥 뚫린 유리창으로 바깥의 세상을 바라보고 있노라면 살아 있음을 잠시나마 느끼게 해 준다. 이곳에 오면 언제나 연인들이 해변가에 앉아 아름다운 레인보우 브리지를 바라보곤 한다. '나도 언젠가 저 자리에 사랑하는 연인과 앉아 있겠지.' 노을이 질 때쯤 도착해서인지 하늘은 주황 빛깔을 띠며 펄럭이고 있었다. 감성에 젖은 나머지 어느새 편의점에서 아사히 맥주를 사고는 오다이바의 랜드마크 자유의 여신상으로 갔다. 정식 명칭은 '세계를 비추는 자유'이지만 통상 자유의 여신상으로 알려져 있다. 인간의 가장 기본적인 '권리'인 자유는 위대하고 그 누구도 침범할 수 없는 '가치'이다. 그렇기에 나는 '자유'라는 말을 좋아한다. 지금도 자유롭게 맥주를 마시며 걷고 있으니 말 그대로 '자유롭다.'

해변 공원은 걷기에도 좋아서 생각 없이 인공 호수를 바라보며 걸으면 마음이 편해진다. 문득, 진근이 형이 나에게 '근거 있는 자신감'을 가지라고 한 말이 생각났다. 생각해 보면 나는 자신감 있는 척했지만, 사실은 두려움 많은 겁쟁이였던 것 같다. 자신감을 갖는 가장 기본적인 것은 그 사람의 장점이라고 생각한다. 나는 처음 보는 사람들과 허물없이 잘 지내는 것이 장점인 것 같다. 그것이 내 자신감의 근거가 될 수 있다는 생각을 해 본다. 사람을 대하는 법, '인간관계'를 만들어 가는 것 또한 그 사람의 능력이다. 그러니 나는 인간관계에 자신감을 가져 본다.

역시 생각할 땐 오다이바가 최고라는 것을 느끼며 '근거 있는 자신감'에 대해 다시 한번 생각할 수 있는 시간이 되었다.

혼자라는 것

일본 워킹홀리데이 D+166

일본에 오고 나서 혼자 밥 먹고 혼자 영화 보고 혼자 술 먹고 혼자 쇼핑하고 혼자 놀이공원 가는 등 혼자 있는 시간이 많아졌다. 한국에서는 단 한 번도 혼자 할 생각을 못했던 것들이 이제는 아무렇지 않게 이곳에서 행해지고 있다.

외동아들인 나는 맞벌이하시는 부모님 밑에서 자라서인지 집에 가면 항상 아무도 없었고 어두컴컴한 방에 혼자 있곤 했었다. 어두움, 적막함이 싫어서인지 늘 밖에서 친구들과 어울리는 것을 좋아해서 '함께'라는 것에 집착했다. 그래서 당연히 '혼자'라는 것은 상상도 못 했었다.

한국에서는 혼자 밥을 먹고 혼자 영화를 보면 이상한 눈빛으로 바라보지만, 일본은 개인주의 사회라서 혼자라는 것에 아무도 의식하지 않고 신경조차 쓰지 않는다. 일본 문화에 나도 적응을 한 것인지 혼자라는 것에 익숙해졌고 조금씩 이런 상황을 즐기기 시작했다.

가장 기억에 남는 일화다. 어느 날 혼자 도쿄 돔 시티의 놀이공원에 가서 롤러코스터를 타고 싶었다. 그래서 티켓을 끊고 맨 앞자리에 앉았고 내 뒤에는 여고생 두 명이 앉았다. 여고생들은 혼자 있는 나를 이상한 눈빛으로 쳐다보지 않고 오히려 '화이팅'을 외치며 응원했다. 그렇게 롤러코스터는 출발했고 미친 듯이 소리를 지르고 나니 어느새 도착해 있었다.

머리는 망가지고 내 뒤의 여고생들은 가슴을 쓸어내리며 한숨을 쉬었다. 그리곤 나에게 재밌었냐며 남은 시간 잘 보내라고 인사를 한 뒤 헤어졌다. 쿨하게.

누군가 그랬다. 인간은 고독한 존재라고. 하지만 나는 고독하지 않다. 단지 혼자 있는 것에 익숙해진 것뿐이다. 그리고 이제는 지금 이 순간도 사랑하고 즐길 줄 안다.

동네

일본 워킹홀리데이 D+194

이제 일본에서 산 지 반년이 지났다. 지금 살고 있는 우리 동네 도쿄 '닛포리'는 마치 한국에서 현재 살고 있는 우리 동네와 같다. 지나가는 길에서 보이는 모든 것들, 건물, 사람들의 익숙한 풍경은 적어도 10년은 살았던 느낌이다. 생각해 보면 대부분의 사람들은 자기 동네 주변의 관광지나 명소들은 잘 모르거나 가지 않는다. 익숙하기 때문이 아닐까. 나도 정작 도쿄 주변의 관광지들은 많이 갔지만 닛포리 주변은 시간을 내고 돌아다닌 적이 없다. 알고 보니 닛포리에도 관광지가 있었다.

야나카긴자(고양이 마을)라고 길에 고양이들이 많기로 유명하다. 사람 손을 많이 타서인지 다가가도 도망가지 않는다. 고양이 마을 입구에는 '유야케단단'이라고 이곳에서 바라보는 노을이 아름답기로 유명한 '노을 계단'이 있다. 입구 안으로 들어서면 시장 골목이 나오는데 주변의 아기자기한 상점들이 사람들의 시선을 사로잡는다. 일본 전통 기념품을 사러 많은 관광객이 오기도 한다.

언덕에 '야나카령원'이라고 불리는 공동묘지도 많아서 밤에는 으스스하기도 하지만 만화 '샤먼킹'을 봤다면 많은 묘비가 익숙할지도 모르겠다. 도시적인 도쿄에서 '일본스러움'을 느끼고 싶다면 이곳을 추천한다. 솔직히 우리 동네가 이렇게 조용하고 아늑하다는 것을 일본 생활 6개월이 지나서야 알았다.

초저녁 집으로 돌아가는 길 어둑해진 밤하늘에 닛포리 역의 기찻길을 보고 있노라면 감성에 젖지 않을 수가 없다. 한국이 그립기도 하지만 지금 이 순간은 이곳에 평생 있고 싶다는 생각도 든다.

역시 '우리 동네'가 최고다.

회식

일본 워킹홀리데이 D+196

　오늘은 에비스 지역 전 지점에서 일하는 가게 아르바이트생들끼리 회식을 하기로 했다. 우리 가게는 회사 계열사 중 한 곳인데 회사 안에는 여덟 개의 계열사가 있다. 그러니 아르바이트생도 어마어마하게 많다. 다른 외국인들도 있으면 좋겠다는 생각을 하고 긴장된 마음으로 술집으로 향했다. 이미 다른 친구들은 일이 끝나고 술자리가 한창이었다.

　대략 열 명 정도 모였던 것 같은데 일어서서 한 명씩 자기소개를 했다. 같은 회사의 계열사지만 가게가 달라 서로 얼굴 보기 힘드니 소개를 통해 친해지는 계기가 될 것 같았다. 내 차례가 왔고 '한국에서 온 스물네 살 기용주라고 합니다. 현재 몬쟈 가게에서 일하고 있습니다. 잘 부탁드립니다.'라고 인사를 했다. 많은 일본 친구들 앞에서 자기소개를 하고 나니 처음엔 어색했지만, 술로 우리는 하나가 되었다.

어느 나라나 술이 있으면 조용한 곳은 없는 것 같다. 술을 먹다 보니 모두 기분이 좋아진 것 같다. 갑자기 일본인 친구 한 명이 술 게임을 시작했고 한국의 '바니바니'와 비슷한 일본 게임을 했다. 일본어로 게임을 하니 어색했고 신기하기도 했다. 이참에 한국의 술 게임을 알려 주고 싶어서 '이미지 게임', 일명 '손가락 접기' 게임을 알려 줬다. 일본어로 특정한 것을 지칭하며 손가락을 접으라고 하니 일본 친구들은 신기해했고 재미있다며 속도를 붙이기 시작했다. 주거니 받거니 술을 먹다 보니 몇몇 친구들은 취한 듯했다.

일본인 친구들 사이에서 유일한 한국인이었지만 나를 외국인으로 생각하지 않고 같은 친구로 생각해 준 일본 친구들에게 너무 고마웠다. 역사적으로 사이가 좋지 않지만 좋은 일본 친구들이 많다는 것을 느꼈다.

정情

일본 워킹홀리데이 D+203

Working Holiday로 일본에 왔지만, Working만 했으니 이제 Holiday를 하려고 한다. 일본 가게에서 일한 지 3개월째, 점장에게 말했다.

"점장님, 이제 일본에 온 지 6개월이 되었고 그동안 일만 했으니 그만두려고 합니다."
"처음 일할 때 3개월만 한다고 말 안 했잖아? 일을 그만둔다니?"
"전공이 관광 경영이기도 하고 일본에 와서 제대로 여행을 한 적이 없었기에 이번 기회에 한번 해 보고 싶습니다."
"일하면서 여행 가면 되잖아?"
"네. 맞습니다. 그런데 저는 온전히 장기적으로 일본 여행을 할 생각입니다."
"너는 그동안 외국인이었지만 노력해서 일도 잘하고 남들보다 성장하는 속도가 빨라서 조만간 철판 쪽에 일을 시키고 홀에도 내보내려고 했는데 그만둔다니 당황스럽구나."
"좋게 얘기해 주셔서 감사합니다. 신중히 생각하고 결정한 일입니다."
"네 뜻이 그렇다면 어쩔 수 없지만 섭섭하구나. 그동안 情도 쌓였고 가족처럼 생각했는데 이제 와서 갑작스레 그만둔다니."
"그동안 챙겨 주셔서 정말 감사하게 생각하고 있습니다. 절대로 이 은혜 잊지 않겠습니다."
"그래. 네 결정이니 어쩔 수 없지만 그래도 일이 끝난 건 아니니 그만둘 때까지 최선을 다했으면 좋겠다."
"네! 물론입니다."

텐쵸와 이야기를 나눈 뒤, 9월 마지막 날까지 일을 하기로 결정이 됐다. 이제 남은 워홀 생활 6개월 어떻게 보낼지 또 한 번 생각해야 한다. 한국 가게에서 일하다 힘겹게 이곳에 왔고. 열심히 일해서 일본어도 늘고 직원들에게도 인정받았다. 이제 막 적응하기 시작했고 계속 일한다면 워홀 생활이 끝날 때까지 안전하게 한국에 돌아갈 수도 있다. 하지만 후회하지 않는다, 내 선택에. 계속해서 성장하려면 여기에 머물 수는 없다. 다른 것들을 경험하기 위해 세상 밖으로 나가야 한다.

그래도 외국인인 나를 가족같이 생각해 주고 나의 가치를 존중해 주는 모든 직원 분에게 감사할 따름이다. 한국인에게는 한국인의 '정'이 있다. 하지만 일본에도 일본인의 '情'이 있다는 것을 이곳에서 느낀다.

여행

일본 워킹홀리데이 D+205

정들었던 몬쟈 가게에서 일하는 시간이 이제 1주일도 남지 않았다. 그래서 가게 친구들과 여행을 가기로 했다. 오후에 신과 타쿠야는 출근을 해야 해서 멀리까지는 가지 못하고 도쿄에서 내가 가장 좋아하는 오다이바에 가기로 했다. 아침 일찍 시부야에서 만나기로 약속을 하고 료우는 집에서 차를 끌고 왔다. 비가 온 탓에 날씨가 쌀쌀했지만, 친구들과 함께하는 여행에 마냥 좋기만 했다.

3개월 동안 같이 부딪히며 일해서인지 가족 같은 편안한 분위기에 차안에서 수다를 떨다 보니 어느새 오다이바에 도착했다. 레스토랑에서 간단하게 점심을 먹은 후 볼링장에 갔다. 그런데 사람이 너무 많아서 한 시간을 기다리라는 말에 우리의 발걸음은 오락실로 향했다. 일본에 춤추며 따라 하는 오락이 있는데, 화면을 보고 한국의 펌프와 같이 춤동작을 따라 하며 동작을 맞추는 오락이다. 신과 타쿠야가 먼저 시범을 보였다. 일본 유명한 아이돌 그룹 AKB48의 춤을 어찌나 잘 추던지 어느새 많은 사람에게 주목을 받고 있었다. 특히 신의 우스꽝스러운 춤 동작은 사람들을 집중시켰다. 아마 내가 아는 일본 친구 중에 신처럼 재미있는 친구는 없을 것이다.

료우와 단둘이 요코하마의 술집에 갔다. 가게에 처음 들어와서 나를 가장 많이 챙겨 주고 신경 써 준 료우에게 고맙기만 했는데, 앞으로 헤어질 생각을 하니 슬프기만 했다. 료우는 은행원이 꿈이라고 한다. 현재 회계를 전공하고 있으며 취미 생활로 서핑하면서 본인이 좋아하는 일과 해야 할 일을 적절하게 분배하며 살아가고 있다. 나보다 세 살이나 어리지만 배울 점이 정말 많은 친구인 것만은 확실하다.

세상에는 멋진 사람들이 너무 많다. 멋진 사람들을 곁에 둔다는 것은 정말 행복하다. 그래서 나도 멋진 사람이 되어야겠다.

한국 음식

일본 워킹홀리데이 D+208

내일이면 몬쟈 가게를 그만둔다. 그래서 오늘은 특별히 한국 음식을 가게 직원들에게 해 주기로 결심했다. 바로 '불고기와 낙지볶음'. 한국 가게에서 일했을 때의 실력을 발휘하기 위해 요리 스승님 진근이 형에게 사전에 필요한 재료들과 조리 방법을 물어봤다. 항상 한국에서 어머니가 해 주시는 밥을 또는 누군가가 해 주는 음식을 먹기만 했지 내가 누군가에게 요리해 준다는 것은 생각도 못 했었다. 하지만 누군가에게 음식을 해 줄 생각을 하니 행복하기만 했다. 요리사를 직업으로 꿈꾸고 있는 사람들의 행복은 본인이 요리한 맛있는 음식을 먹는 사람들의 모습을 상상하는 즐거운 마음이 아닐까?

일하는 시간 짬짬이 요리를 했고 드디어 가게 사람들에게 완성된 불고기와 낙지볶음을 선보일 시간이 다가왔다. 요리를 전문적으로 배운 것은 아니지만, 이상하게 한국 음식을 해 준다는 것이 큰 부담감으로 다가오긴 했다. 왜냐하면, 내가 해 준 한국 음식이 혹시나 한국을 대표하는 음식의 맛으로 생각될까 봐 걱정됐기 때문이다. 떨리는 마음으로 몇 번의 간을 본 뒤에야 완성된 요리를 선보였고 간단하게 불고기와 낙지볶음의 먹는 방법을 설명한 뒤 가게 사람들은 한입씩 먹어 보기 시작했다. 지금이 요리하는 사람들의 마음이 가장 떨리는 순간 아닐까? 긴장된 마음에 목이 타들어 가는 것 같았다.

침묵이 흐른 가운데 내뱉은 점장의 말 한마디. "すごい(굉장해)!" "うまい(맛있어)!" 이어서 다른 직원들이 연이어 외쳤다. 성공이다! 처음으로 선

보인 한국 음식에 성공했다. 물론 예의상 맛있다고 말할 수도 있다. 하지만 이 말을 들음으로써 지금까지 초조하게 요리를 준비했던 과정들을 되새길 수 있었다. 그 기쁨은 말로 표현할 수 없었다. 외국에서 처음으로 선보인 한국 음식. 순조로웠지만 나는 100% 만족하지 못했다. 더 다양한 요리를 맛있게 해서 많은 외국인 친구들에게 한국 요리를 알리고 싶은 생각이 들었다.

'요리'는 인종, 국가와 관계없이 사람들을 한마음으로 통일시켜주는 아름다운 예술 행위이며 결과물로 형성되는 '음식'은 사람들을 교감하게 해주는 위대한 것임이 틀림없다.

몬쟈 가게 안녕

일본 워킹홀리데이 D+209

오늘 몬쟈 가게 마지막 근무다. 그만둘 때 돼서 마음이 많이 풀렸었지만 좋은 사람들이 있었기에 끝나는 날까지 최선을 다할 수 있을 것 같다. 평상시와 다름없이 가게에 출근했다. 사실 얼마 전 가게 사람들에게 이별 선물을 주고 싶어서 한인 타운에서 복주머니를 샀다. 그동안 챙겨 준 감사한 마음에 작게나마 보답하고픈 마음이랄까? 한국 가게에서 그만둘 때의 감정이 되살아났다. 이제는 시간 내서 오지 않는 이상 이곳에 올 일이 없다. 지금 보이는 익숙한 풍경들이 분명 그리울 것이다.

평상시와 같이 주방에 들어가 재료 손질을 하고 물건 정리와 홀 세팅을 하고 나니 오픈 시간이 다가왔다. 가게 사람들과 헤어질 생각을 하니 일이 손에 잡히지 않았지만, 마지막 날인 만큼 유종의 미를 거두고 싶은 마음에 최선을 다했다. 어느새 근무 시간이 끝나고 직원들에게 준비한 선물을 줬다. 뜻밖의 선물인지 다들 놀라 했다. 타쿠야는 나를 따로 부르더니 사진관에서 인화한 액자를 선물해 줬다. 언제 이런 것을 준비했는지 고마울 따름이었다. 마지막으로 가게에서 해 주는 '마카나이(일이 끝나고 먹는 음식)'를 먹고 점장과 함께 에비스에서 유명한 라면을 먹으러 갔다.

점장은 그동안 가게를 위해서 열심히 일해 준 나에게 해 주는 작은 보답이라며 에비스라는 지역에서 제일 유명한 라면 가게에 데리고 가고 싶었다고 했다. 사실 점장은 지금 가게에서 일하기 전 '타코야키'라는 음식을 최초로 개발한 장본인이기도 하다. 젊은 시절 BMW를 끌고 다니며 좋은 집에서 화려하게 살았다고 한다. 지금 와서 생각해 보면 본인은 작은 가게라도 자신만의 가게를 운영하는 게 꿈이었다고 한다.

그래서 불혹이라는 나이에 몬쟈 가게라는 ハッピー工場를 운영했다고 한다. 가게 이름도 한국어로 해피 공장이다. 즐겁게 일하는 지금 예전만큼 많은 돈을 벌지 못하지만 행복하단다. 그러면서 '돈을 따라가는 삶을 살지 말고, 본인이 좋아하는 일을 했으면 좋겠다.'라며 조언을 해 주셨다. 외국인인 내가 '기용주'라는 가치로서 가게에서 일할 기회를 줬고 가게를 떠날 때도 신사답게 대해 주시는 점장님의 모습에 돌아가는 길 그만 눈물을 훔치고 말았다.

7월 초부터 9월 말까지 길고도 짧았던 3개월간의 일본 가게에서의 경험은 평생 잊지 못할 것이다.

ハッピー工場 ありがとうございました.

혼자 여행

일본 워킹홀리데이 D+215

오늘부로 백수다. 좋게 말한다면 자유의 몸이 되었다. 그동안 일하면서 많은 돈을 모으지는 못했지만, 본격적으로 온전히 '여행'에 집중할 생각이다. 일본 생활 7개월째 이제 Holiday를 하겠다는 마음에 오늘은 혼자서 도쿄 근교 '치바 현'에 가려고 한다. 치바 현은 도쿄 디즈니랜드가 있기로 유명한데, 주변이 도쿄만과 태평양으로 둘러싸여 있다. 한국의 인천과 같이 바다와 인접해 있어서 수산업이 활발하다.

계획 없는 당일치기 여행이기에 아침 일찍 집에서 나와 아키하바라 역으로 갔다. 치바에 가려면 이곳에서 갈아타야 한다. 지하철을 타고 1시간 만에 치바 역에 도착했다.

박물관 앞에 도착한 순간 치바 성의 모습이 보였다. 박물관은 성안에 있다고 해서 건물 안으로 들어갔고 간단하게 전시품을 둘러본 뒤 전망대로 향했다. 전망대에서 바라본 치바의 모습은 아름다웠다. 이어서 치바에서 가장 오래된 '치바 사원'에 갔다. 마침 난타 공연이 한창이었고 운이 좋아 일본 전통 공연을 볼 수 있게 되었다.

마지막으로 치바의 랜드마크 '포트타워'에 갔다. 모노레일을 타고 치바 미나토 역에 도착해 걷다 보니 이미 어둑어둑해진 상태였다. 주위에는 인공 해변과 치바 항이 있고 전망대에 올라가면 도쿄만이 보인다고 한다. 전망대에 가려면 돈을 내야 하는데 어른은 420엔을 내야 한다. '전망대가 뭐라고.' 생각하며 투덜투덜 올라갔다.

치바는 해변이 있어 연인과 자전거를 타고 도쿄 근교로 여행 오기에는 정말 좋은 곳이다. 혼자 온다면 고독함을 즐길 자세로 왔으면 한다.

후지큐 하이랜드

일본 워킹홀리데이 D+221

일본에서 가장 무서운 놀이 기구가 많기로 유명한 '후지큐 하이랜드'에 가기로 한 날. 동갑 친구 세라, 일본인 친구와 셋이 가기로 했기에 시간을 맞추곤 신주쿠 역에서 만났다. 다행히 세라가 사전에 구매한 후지큐 하이랜드행 표가 있었기에 시간에 맞춰서 버스에 올랐다. 약 한 시간 반 만에 도착했고 날씨가 좋아서 롤러코스터를 타는 데 문제는 없을 것 같았다. 후지큐 하이랜드는 도쿄 디즈니랜드와 도쿄 돔 타워의 놀이공원 이후 세 번째인데, 무서운 놀이 기구를 좋아하는 나에겐 안성맞춤이었다.

영업시간이 일요일에는 오후 여섯 시까지라서 시간이 촉박했다. 도착하자마자 간단하게 야키소바를 먹고 가장 무섭다는 '후지 야마'를 타러 갔다. 탑승하는 순간부터 긴장감이 몰려왔다. 롤러코스터에서 가장 떨리는 순간은 올라가는 순간이 아닐까 싶다. 정상에 올라간 순간 내 눈앞에 보이는 시야는 그야말로 장관이었다. 정지 상태로 풍경을 감상하고 싶었지만, 롤러코스터는 순식간에 곤두박질침과 동시에 빠른 속력으로 달리고 있었다.

아마 살면서 이렇게 긴 고함과 울부짖음은 처음이지 않을까? 역시 이름값대로 최고였다. 에버랜드의 티익스프레스와 비교한다면 다섯 배는 무섭지 않을까 싶다. 다음으로 '톤데미나'라고 에버랜드의 허리케인과 비슷한 놀이 기구를 타러 갔다. 회전하면서 높이 올라갔다가 내려오는데 어지럽기만 하고 재미없었다. 어느덧 점심 먹을 때가 와서 오랜 시간 먹기에는 아직 탈것들이 많았기에 간단하게 피자로 배를 채웠다.

'텟코츠반쵸'는 롯데월드의 자이로 스윙과 비슷하지만 높이나 속도 면에서 더욱 빠르다. 특히 높은 곳에서 바라보는 주변의 풍경은 예술이다. '타카비샤'는 월드 기네스에 등록된 121도로 낙하하는 롤러코스터다. 연이어 놀이 기구를 타다 보니 기진맥진해진 우리는 후지 산을 경험할 수 있는 VR 체험을 하고 마지막으로 후지 야마를 한 번 더 타기로 했다. 어둑해지니 후지 야마의 무서움은 더 했다.

불빛들이 켜진 후지큐 하이랜드의 야경은 알록달록 아름다웠고 돌아가기 전 아쉬운 마음에 사진을 찍었다. 열심히 돌아다녔음에도 생각보다 놀이 기구를 많이 타지는 못했지만 그래도 만족했다. 돌아가는 버스에 피곤한 몸을 싣고 눈을 뜨니 어느새 신주쿠 역에 도착했고 간단하게 소바를 먹은 뒤 후지큐 하이랜드의 여행을 마무리했다.

장기 여행

일본 워킹홀리데이 D+226~230

최근 일을 그만두고 혼자 or 동행, 해외여행 or 국내 여행, 단기 여행 or 장기 여행 중 어떤 여행을 할지 고민하던 중, 한국 유학생 커뮤니티 사이트 '동유모'에서 같이 여행 갈 동행자를 구하는 것을 보았다. 이미 도쿄를 중심으로 북쪽으로 전국 일주를 마치고 남쪽으로 여행 갈 동행자를 찾고 있던 구인이었다. 나보다 6살 많은 형이었고 일본으로 워킹홀리데이를 와서 일본 차로 일본 전국 일주 여행을 하고 있는 형이었다.

한참을 고민한 후 전화했다. 간단한 자기소개 후 이야기를 나누니 괜찮

은 사람인 것 같았다. 내게 가장 좋았던 조건은 여행은 개인 경비로 하지만 형에게는 차가 있었기에 대중교통으로 가지 못할 곳을 갈 수 있다는 점이었다. 남쪽으로 일본 전국 일주를 한다는 것이 멋있어 보였다. 그래서 다음 주 화요일 형이 살고 있는 시즈오카 현 서부에 있는 도시 '하마마츠'에 가기로 했다. 도쿄와는 그리 멀지 않는 거리이기에 여행의 시작을 그곳에서 하기로 정했다. 한편으론, 처음 보는 한국 사람과 여행한다는 것이 불안하기도 걱정되기도 했지만 이미 엎질러진 물이기도 하고 이렇게 좋은 기회는 없으니 '한번 부딪혀 보자!'라고 생각했다.

앞으로 나의 일본 전국 일주 여행 이제 시작이다.

일본 전국 일주

일본 워킹홀리데이 D+231~263

일본 전국 일주

(2014.10.21~11.22)4박 5일 오키나와를 포함한 33일간의 여행

* 총 여행 경비 2,138,000원

교통비 - 1,034,000원

식비 - 687,000원

관광 - 308,000원

숙박 - 30,000원

기타 - 79,000원

* 여행 루트

도쿄 〉하마마츠 현 〉나고야 〉교토 〉오사카 〉고베 〉도쿠시마 현 〉카가와 현(다카마쓰) 〉코치 현 〉에히메 현(마츠야마) 〉히로시마 현(오노모치, 후쿠야마) 〉미야지마 〉야마구치 현 〉시모노세키 〉기타큐슈 〉오이타 현(벳푸) 〉미야자키 〉가고시마 〉오키나와 〉구마모토 〉나가사키 〉사세보 〉사가 〉후쿠오카 〉시마네 현 〉돗토리 현 〉오카야마 현 〉나오시마 〉효고 현 〉고베 〉와카야마 현 〉나라 〉오사카 〉도쿄

도쿄를 기준으로 일본 국토의 아래로 전국 일주를 해 보자고 시작한 국내 여행. 일본은 교통비가 비싸다. 알게 된 형이 일본 차(라팡)를 가지고 있었기에 항상 국도를 이용하며, 모든 숙박은 차 안에서 해결했다.

씻는 것은 페트병과 비누를 가지고 다니며 공용 화장실에서 씻거나 가끔 온천이나 목욕탕에 가기도 했다. 그에 반해 관광지 입장료, 교통비, 먹을 것에 돈을 더 많이 쓸 수 있었다. 기차나 버스가 아닌 자가용으로 여행을 다녔기에 일반인, 현지인들도 모르는 굉장한 곳이 많았다. 인터넷에 나오는 흔한 관광지가 아닌 지나가다가 경치가 좋은 곳이 나오면 차를 정차해 놓고 사진기를 꺼내 찍었던 기억.

비가 온 뒤의 햇볕이 내리쬐는 하늘, 어둑한 밤에 밝게 빛나는 슈퍼 문과 떨어지는 별똥별. 비가 온 뒤의 일곱 빛깔 무지개. 도로 위를 지나가는 산

돼지와 너구리 등 하나하나 소중한 기억들이었다. 물론 타이어 펑크가 나 곤란했던 적, 지나가다 경찰들을 만나 실랑이를 벌였던 적, 두통이 심해 앓아누웠던 적 등 우여곡절의 순간들도 많았다. 무슨 일이 벌어질지 모르는 상황들이 더욱더 여행을 재미있게 만들었다. 가끔 저녁에 캠핑장 또는 도로의 갓길에서 바비큐, 오뎅탕 등 요리를 하며 끼니를 해결했다.

여행을 하며 알게 된 것이 있다. 같은 일본이어도 제각기 다른 사람들의 사투리와 문화, 식습관, 옷차림 등이 달랐으며 '세상에는 다양한 사람들이 공존하며 살아가고 있다'는 것을 깨달았다.

일본 국내 여행을 다니면서 찍은 사진들은 약 2,000장이 넘는다. 여행작가라는 꿈을 갖게 된 이번 여행에서 얻어가는 것은 정말 많았다. 이번 여행이 훗날 사랑의 엽서 프로젝트에 도움이 될 줄 알았을까?

여행 그 후

일본 워킹홀리데이 D+270

　여행을 다녀온 후 바로 일상생활에 적응하기에는 여행 후유증이 너무 컸다. 매일 보던 아름다운 바다와 산, 캠핑장에서 바비큐를 먹으며 즐거웠던 순간, 여행 중 만난 사람들과 동물, 차에서 자던 그리움이 이제는 없다. 그냥 평범한 도쿄의 일상이다. 긴 여행을 다녀온 것이 처음이라 그런 걸까? 일주일 동안 많은 생각을 했다. 여행은 우리에게 마이너스일까? 시간과 돈을 썼고 주변의 모든 것들은 그대로인데 나만 뒤쳐져 있는 것 같다.

　인생을 살면서 온전히 '여행'만 한 적은 없었다. 여행이란 것은 짧게 다녀올 때 휴식의 개념으로 일상생활을 유지하기 위한 스태미나 역할을 한다고 생각했다. 그런데 이번 여행은 여행이 아닌 '현실'이 되었다. 매일 보는 풍경들과 만나는 낯선 사람들은 일상이 되었고 그게 내 삶 속의 일부분이 되었다. 처음 아름다운 바다를 보곤 감탄사가 절로 나왔지만, 사람은 환경에 쉽게 적응하는 동물이라 그런지 자주 보던 풍경들이 눈에 익숙해졌고 별다른 감정이 안 생겼다.

아름다움, 즐거움, 멋진, 무서움 온갖 단어의 의미를 정한 기준은 무엇일까. 무언가의 '기준'을 정한 것은 세상 사람들의 일반화된 논리이지 정답은 아니라는 것. 결국은 내가 바라보는 모든 것들이 정답이 될 수 있다는 것이다. 세상의 평범한 것들에 맞춰갈 필요가 없는 것이다. 그럼 '내가 바라본 여행의 순간들과 감정들을 기록해서 세상에 알리면 얼마나 좋을까?'라는 생각을 했다.

그래서 내가 하고 싶은 것을 생각한 결과 '여행 작가'라는 직업이 생각났다. 여행하는 삶을 살지만, 중점적으로 하는 것은 보고 듣고 느낀 것을 적는 글쓴이라는 것. 내가 느낀 감정과 풍경들을 글로 풀어내 독자들에게 전달하는 것이 얼마나 아름다운 예술 행위일까? 생각만 해도 가슴이 쿵쾅쿵쾅 뛰었다.

이번 여행을 통해 '돈'과 '시간'을 썼지만 '돈'과 '시간'으로 살 수 없는 '꿈'을 찾았다. 이제 남은 워홀 생활 3개월을 잘 보내려면 일도 다시 시작해야 하고 돌아오는 일요일에 있을 일본어 능력 시험(JLPTN2)도 준비해야 한다. 이렇게 넋 놓고 있을 때가 아니니 힘을 내야겠다.

일본어 능력 시험(JLPTN2) 재시험

일본 워킹홀리데이 D+277

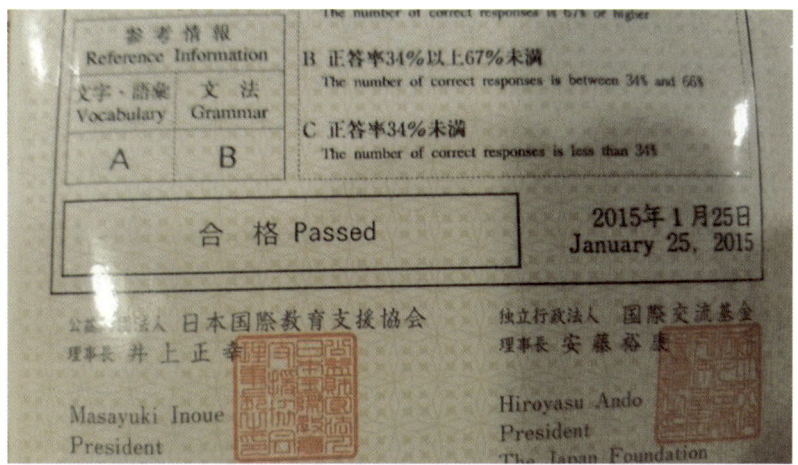

오늘은 일본어 능력 시험(JLPTN2) 재시험을 보는 날이다. 올해 7월 6일 1문제(2점) 차이로 뼈아프게 시험에 불합격했기 때문이다. 항상 재시험이라는 것은 부담이 배가 된다. 특히 긴 여행을 다녀오고 난 뒤에야 잊어버린 일본어 공부를 하려니 손에 잡히지 않았다. 남은 시간은 고작 일주일. 일본 초기 생활에 공부했던 것보다 더 열심히 했다. 벼락치기이긴 했지만, 그동안의 일본어 실력이 있었기에 복습하는 개념으로 공부에 임했고 결전의 날이 왔다. 오늘은 기필코 합격하리. 학교에 도착했고 한 번의 경험이 있었기에 여유롭게 시험 주의 사항을 듣고 시험 문제를 풀어 나갔다. 확실히 문법과 청해는 어렵지 않았다. 이해력이 좋지 않아 독해가 어려웠지만 이번 시험은 순조로웠다. 결과는 내년 2월에 나오지만 100% 자신 있었다.

그리고 JLPTN2 합격증은 약 2달 뒤에 집으로 도착했다.

일자리

일본 워킹홀리데이 D+282

일본 워킹홀리데이 생활의 남은 3개월을 백수로 보낼 수는 없었고 그렇다고 한국으로 돌아가고 싶지는 않았다. 일자리를 다시 구해야 했다. 하지만 남은 비자 기간 탓에 일할 곳이 마땅치 않아 고민하던 중 어쩔 수 없이 가기 싫은 신오쿠보에서 일자리를 구했다. 일이 맞지 않았는지 결국, 3일 만에 잘리고 말았다. 이미 일할 마음의 준비가 되지 않았던 것 같다. 이제 한국으로 돌아갈 날도 얼마 남지 않았을 뿐더러 일본 가게에서 일했던 내가 한국 가게에서 일하려고 하니 적응도 못 했고 재미도 없었다. 남은 시간에 조금 더 영양가 있는 일을 하고 싶었고 3개월을 일본어 공부도 되지 않는 한국 식당에서 일하고 싶지는 않았나 보다.

힘들어하던 중 같이 여행했던 형이 일본에 처음 와서 일했던 기후 현의 스키장에서 일할 생각이 없겠냐며 제안을 했다. 마침 겨울 시즌이었고 그곳에서도 사람을 필요로 했다. 특히 나는 겨울 스포츠를 좋아하는데, 스키장에서 일하면 마음껏 스키를 탈 수 있다고 한 점이 가장 마음에 갔다. 일본 친구들과 같이 일하면서 스키도 타고 일석이조였다. 잠시 망설이다가 알겠다고 했고 급작스럽게 도쿄에서 기후 현이라는 곳으로 바로 다음 주에 이사하기로 했다.

9개월간 정들었던 도쿄도 이제 안녕이다.

안녕 도쿄

일본 워킹홀리데이 D+291

오늘 야간 버스를 타고 기후 현에 간다. 9개월간 정들었던 도쿄를 떠나려니 발걸음이 무겁다. 도쿄에 처음 온 것은 단기 어학연수 한 달을 했던 때였다. 그리고 한 달 뒤, 1년간 워킹홀리데이로 이곳에 왔다. 처음엔 뭐가 뭔지 몰라 관공서에서의 업무 처리나 일을 구하는 것에 애를 먹었고 어학원을 다니며 다국적 사람들을 만났다. 일본어 공부를 하면서 시험도 보고 가끔 여행도 하며 즐겁기도 괴롭기도 한 시간을 보냈다.

이제 조금 일본에 대해서 알 것 같고 익숙해지니 떠나게 됐다. 물론 내가 선택한 일이다. 아마 나는 늘 분주하게 이리저리 떠돌아다니게 된 역마살이 끼어 버렸을지도 모른다.

이제 정말 모든 것이 안녕이다. 우리 동네 닛포리 안녕. 정든 사람들도 안녕. 그리고 나를 가까이에서 가장 신경 써 주고 돌봐준 우리 일본 어머니도 안녕.

짐을 싸고 다시 캐리어를 끌고 문밖으로 나오니 현지인이 아닌 이방인이 된 듯했다. 그동안 감사했다는 말과 함께 어머니와 나는 몇 번을 안고서야 잘 가라며 인사를 했고 괜히 오래 있으면 더 슬플 것 같아 금방이라도 터져 버릴 것 같은 눈물을 참으며 뒤도 돌아보지 않고 빠른 걸음으로 갔다.

앞으로 언제 올지 모를 도쿄는 이제 정말 안녕이다.

기후 현

일본 워킹홀리데이 D+292

도쿄에서 나고야까지 가는 야간 버스를 타고 나고야에서 기차를 타고 기후 역까지 이동하니 하루가 지났다. 내가 머물 곳은 일본인 관리자 한 명과 '세리'라고 하는 한국 여자가 '히루가노 고원'이라는 곳에서 파견 업체를 운영하는 곳이다. 그곳에서 일본인 친구들과 한국에서 일하러 온 사람들과 같이 기숙사 생활을 한다.

세리는 기후 역까지 차를 끌고 마중을 나왔고 한국에서 온 경진이 누나와 형진이 형이라는 사람과 함께 기숙사로 향했다. 날씨가 맑았는데 이동하는 사이 딴 나라에 온 듯 앞이 보이지 않을 정도로 눈이 오고 있었다. 알고 보니 내가 가는 기후 현이라는 곳은 일본에서 눈이 많이 내리기로 유명한 곳이라고 한다.

겨울 왕국을 방불케 할 정도로 많은 눈에 차가 기어가다시피 했고 한 시간 걸릴 거리를 세 시간 만에 도착했다. 도시에 살던 내가 주변에 온통 눈으로 뒤덮인 시골 마을에 오니 하루아침에 적응하기가 힘들었다. 특히 위도상으로는 한국보다 낮지만, 산으로 둘러싸인 이곳은 겨울에 상당히 춥다고 한다. 더위보다 추위를 잘 타지만 다행인 것은 당장에 머물 곳이 있다는 것이니 긍정적으로 생각해 보려 한다.

앞으로 약 2개월 반 동안 기후 현에서의 생활이 기대된다.

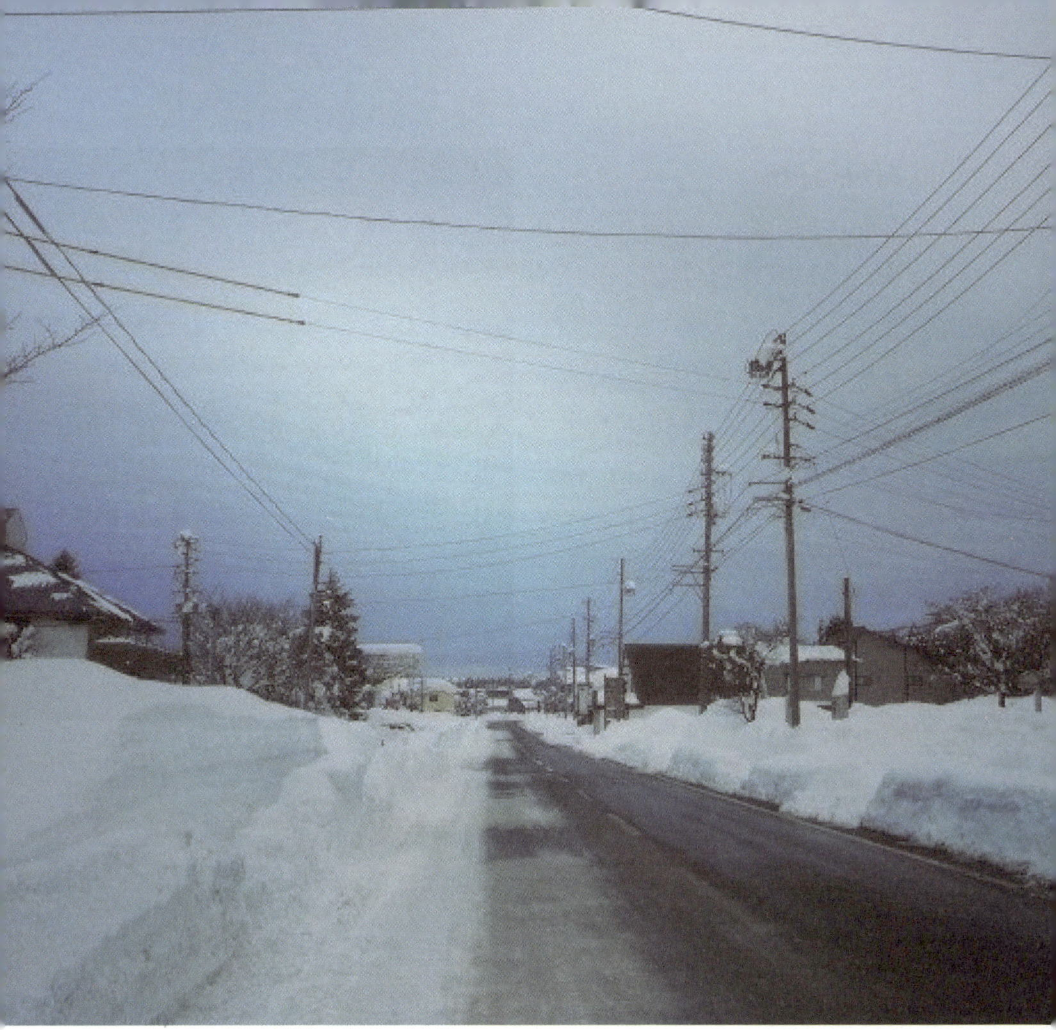

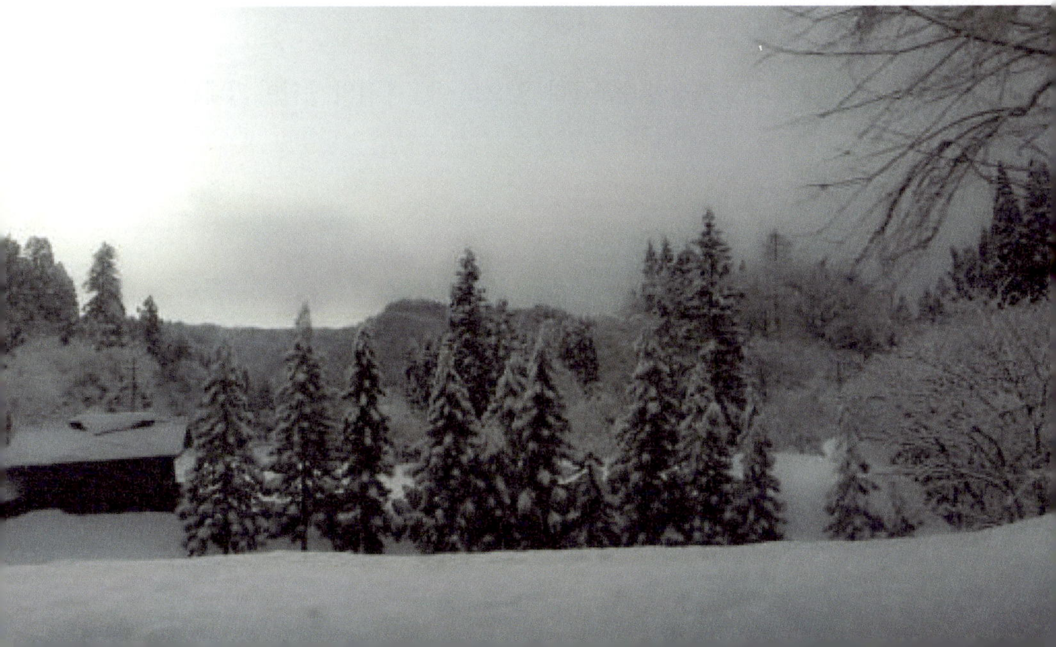

피자 가게

일본 워킹홀리데이 D+293

앞으로 내가 일할 곳은 히루가노 고원의 스키장 안에 있는 피자 가게이다. 이곳에 있는 한국인 중 내가 일본어를 가장 잘한다고 인정받았고 배정받은 근무지가 피자 가게의 카운터 업무였다. 손님들의 주문을 받고 계산을 한 뒤, 음식을 내주는 그야말로 일본어를 가장 많이 사용하는 업무라고 생각하면 된다.

첫날이니 간단하게 내가 해야 할 일들을 배웠다. 가장 중요한 것은 일본어이기에 존경어, 겸양어를 배웠고 카운터에서 손님에게 해야 할 말들과 가게 메뉴, 그리고 오픈과 마감 방법을 배웠다. 지금까지 일한 곳들에 비하면 가장 단순하면서도 쉬운 일이었다.

기후 현에서의 첫 시작이 순조롭다. 앞으로 이곳에서의 생활이 기대된다.

스노보드

일본 워킹홀리데이 D+316~330

일주일에 한 번 쉬는 날 나는 무조건 스노보드를 타러 간다. 직원 가격이지만 내 돈으로 시즌 권을 끊었고 무제한으로 탈 수 있기에 최대한 본전을 뽑아야 한 다. 사실 가장 큰 이유는 스노보 드를 원래 좋아했었고 한국과 다 른 큰 규모의 스키장과 눈의 상 태는 나를 가만히 놔두지 않았 다. 이곳에 있은 지 한 달 반째, 벌써 여섯 번째 스키장이다. 내가 가는 곳은 '다이나랜드'인데 '다카스 스노우 파크'와 연결되어 있기도 해서 이곳이 근처 스키장 중 가장 큰 곳이기도 하다.

처음에는 낙엽밖에 하지 못했지만 케이타의 지도로 이제는 S자도 제법 잘 탄다. 심지어 기술도 연습 중이다. '버터링'이라고 360도 회전하면서 내려오는 기술인데 넘어지기를 반복하다 보니 이제는 얼추 비슷하게 한다. 가끔 장애물도 타면서 점프 연습도 하고 있다. 이러다 보드 선수로 꿈을 키워나가는 게 아닐까 궁상을 떨지만, 스노보드는 그만큼 매력적이다.

설산을 가로지르며 아래로 활강할 때, 세찬 바람을 맞으며 주변의 나무와 멀리 내려다보이는 산들을 바라보면 자연을 즐기며 할 수 있는 스포츠 중에 최고가 아닐까 생각한다. '멋'의 기준은 다르겠지만 스키보다는 보드가 더 멋있는 것 같다. 특히 여자가 보드를 탈 때는 남자와는 다른 유연한 몸놀림이 매력적이다. 이곳에는 여자가 보드를 타는 경우가 많은데, 언젠가 여자 친구와 보드를 타러 와야겠다는 생각을 해 본다.

남은 시간

일본 워킹홀리데이 D+336~349

한국으로 돌아갈 시간이 이제 한 달도 채 남지 않았다. 그동안 히루가노 고원에서 볼링 대회도 했고 기후 현의 축제 유키마츠리(눈 축제)에도 다녀왔다. 그리고 곧 일을 그만둔다며 피자 가게의 주인인 후루하시상이 나를 데리고 기후 현에서 유명한 피자 가게에 데리고 가기도 했다. 그리고 오늘은 생각하고 싶어서 일이 끝나고 아무것도 없는 기숙사 주변을 맴돌았다.

일하러 가는 길이 아닌 보지 못한 길을 걷다 보니 새로웠고 생각이 깊어졌다. 일본에 있는 동안 친구의 아버지가 돌아가시기도 했고 친구의 아버지가 쓰러지시기도 했다. 삶과 죽음의 경계가 어떻게 보면 너무 가볍다는 생각이 든다. 사람은 누구나 죽게 마련인데, 무엇을 위해 열심히 살아갈까 생각한다. 결국, 죽기 위해 열심히 살아가는 것일까? 그렇다면 너무 슬프지 않나? 한국으로 돌아가는 남은 시간. 어쩌면 정해진 시간이 있으니 '시간'이라는 경계 안에서 아등바등 살아가는 것일지도 모른다. 하지만 '죽음'이라는 것은 언제 닥칠지 모르기 때문에 죽기까지 열심히 살기에는 벅차기도 힘들기도 할 것이다. 매 순간 초연한 마음으로 살아가는 것이 정답일지도 모르겠다.

인생이란 무엇일까? 정말 어렵다.

구조하치만

일본 워킹홀리데이 D+350~351

내일은 한국 최대의 명절 설날이다. 13년간 부모님과 같이 한 번도 명절을 보낸 적이 없던 것 같다. 항상 혼자서 친척 집에 다녀왔고 그래서 나에게 명절은 늘 외로웠다. 오늘은 2015년의 명절이지만 일본은 명절이 아니기에 설날인 내일 쉬기로 했고 일이 끝난 오늘부터 이틀간 혼자 명절 여행을 하기로 했다.

내가 갈 여행지는 기후 현의 구조하치만. 일본 전통 마을이 그대로 있는 곳. 지형 때문에 청정한 물을 사용하여 물이 유명한 '물의 도시'라고도 한다.

이튿날 아침 게스트하우스를 나오며 가이드북을 챙겨 주신 주인 덕분에 걱정 없이 여행을 시작할 수 있었다. 주변엔 시냇물이 졸졸 흐르고 신사도 있었다. 거리가 온통 깨끗하여 자연과 하나가 된 그야말로 물아일체의 상태였다. 사람이 아닌 신들이 사는 공간일까 착각이 들 정도였다.

　'힐링'이라는 표현을 수식한다면 이 마을을 두고 얘기할 수 있겠다. 천천히 걷다가 구조하치만의 모습을 한눈에 볼 수 있는 구조하치만 성에 갔다. 하얀색의 아름다운 구조하치만 성은 약 80년 전에 만들어진 목조 건물인데, 이 건물의 천수각에서 보는 경치는 일품이라 했다. 사진으로 본 것보다 실제로 본 성의 모습은 훨씬 아름다웠다. 마치 적토마 위에 앉은 관우가 대군을 향해 공격 명령 내리기를 기다리는 것만 같다는 상상을 했다. 그리곤 전망대에서 구조하치만의 시가지를 본 순간 드래곤볼의 '근두'을 불러 하늘을 호령하고 싶다는 생각을 했다.

　구조하치만은 마음의 안정과 여유로움, 일상에서 벗어나 쉬고 싶을 때 오면 좋을 최고의 장소인 것 같다.

시라카와고

일본 워킹홀리데이 D+358

한국으로 돌아가기 전 기후 현에서의 마지막 여행. 일본의 '알프스'라고 불리는 세계 문화유산 '시라카와고'에 다녀왔다.

일본 세계 문화유산 열다섯 개 중 여덟 곳을 못 갔었는데 그중 한 곳이 여기였다. 그래서 동화 속의 마을이라고 할 만큼 예쁘기로 유명하다고 해서 애타게 가고 싶기도 했다. 마침 오늘 휴일인 사람들이 많아서 단체로 시라카와고와 다카야마에 여행가기로 했다.

마을에 들어선 순간 평일인데도 불구하고 사람들이 많았다. 사진보다 실제로 본 마을의 모습은 왜 동화 속의 마을이라고 불리는지 알 것 같았다. 마치 디즈니의 만화 캐릭터들이 여기저기 숨어 있을 것 같았다.

실제로 사람이 살고 있다고 하는데, 인기척은 없었고 온 주변을 관광객들로 물들고 있었다. 집 하나하나 다양한 모양을 하고 있었고 개성적으로 생겼다. 마을 전체가 세계 문화유산에 등록된 이유를 알 것만 같았다.

어느 관광지를 가든 하이라이트는 전망대였고 우리도 곧장 전망대로 향했다. 이곳에서는 시라카와고 마을 전체를 한눈에 바라볼 수 있는 명당이다. 눈을 감고 전망대에 도착한 순간 내 앞에 보이는 모습은 환상의 나라에 온 듯했다. 온통 새하얀 풍경에 눈에 덮인 마을의 모습이 크리스마스에 산타가 루돌프 썰매를 타고 하늘에서 내려와 선물을 주러 돌아다닐 것만 같았다.

감동에 겨운 나머지 다음 목적지를 잊고 있었다. 간단한 기념품을 산 뒤 다카야마에 갔다. 다카야마는 일본의 전통문화와 역사의 숨결이 살아 있는 도시로서 제2의 교토라고 불리기도 한다. 구조하치만과 다른 예스러움이 묻어나는 마을인데, 대부분의 관광객이 시라카와고와 함께 연계해서 가는 관광지라고 한다. 특히 이곳엔 예쁜 다리와 목조 건물이 많아서 애니메이션의 배경이 되기도 했다고 한다.

여행자로 이곳에 와도 시라카와고에 가기 힘들다고 하는데 한국에 돌아가기 전에 일본에서 주는 마지막 선물이 아닐까 싶다.

안녕 기후 현

일본 워킹홀리데이 D+361

드디어 약 3개월 동안의 기후 현 생활을 끝내고 한국으로 돌아간다. 그동안 많은 한국인, 일본인과 이곳 기후에서 생활하면서 정말 즐거운 추억을 쌓았다. 원 없이 스노보드도 타 보고 노천 온천도 가 보고 볼링도 치고, 유키마츠리(눈 축제)라는 새로운 경험도 했다. 세계 문화유산인 시라카와고와 다카야마, 구조하치만의 관광지도 가 봤다.

차 사고도 나 보고 일본 친구들과 다투기도 했지만 각기 다른 지역에서 온 다양한 사람들과 소통하고 이야기를 나누면서 소중한 인연과 잊지 못할 추억을 쌓았다. 무엇보다도 마지막 워킹홀리데이 생활의 3개월을 이곳에서 보내게 되어 영광스럽고 정말 잘한 선택이었다고 생각한다.

도쿄에서 떠날 때보다 짧았던 만큼 아쉬움이 더욱 크다. 모두 정말 보고 싶을 것이다.

앞으로 남은 5일을 후쿠오카에서 부산으로 가는 페리를 타고 한국으로 돌아간다. 그래서 나고야에서 일본 전국 여행했던 형과 함께 후쿠오카로 차를 타고 갈 생각이다. 한국에 돌아갈 때까지 다이내믹한 것 같다.

귀국

일본 워킹홀리데이 D+366

　나고야에서 자동차로 열 시간 넘게 달려 후쿠오카에 도착했고 하루 동안 일본 전국 여행 때 마저 못한 후쿠오카 관광을 했다.

　다음 날 하카타 항에서 배를 타고 부산항에 들어갔고 워킹홀리데이 1년의 일본 생활이 끝났다.

　정말 여러 가지 일들이 있었던 1년.
2014년 3월 6일~2015년 3월 6일. 많은 사람을 만났고 추억을 쌓았다.

내 인생에 있어 다시 돌아오지 않을 스물네 살의 일본 워킹홀리데이 생활. 아마 이번 워킹홀리데이가 없었더라면 지금의 나도 없었을 거다.

1년 전과 지금의 나를 비교해 보면 많은 것들이 달라져 있다. 돌이켜보면 파노라마처럼 1년간의 생활들이 지나간다.
지금까지 겪은 일들을 돈으로도 살 수 없는 경험과 추억을 만들었다.

다시 한국으로 돌아가면 쳇바퀴 돌듯 바쁜 일상을 살 것이다.
그렇지만 꿈은 더 커졌다.
내 꿈을 위해 달려가 보려 한다.
10년 후 미래의 나는 무엇을 하고 있을지 모른다.
하지만 지금 하고 있는 일들에 최선을 다하려 한다.

12개월간 일본 워킹홀리데이 기록

- 총 기간: 2014년 3월 - 2015년 3월(12개월)
- 장소: 일본
- 기간: 12개월
- 일한 직업 수: 3개
- 일한 직업 종류: 키친 포터(주방 보조) 및 셰프/ 바텐더/ 캐셔
- 일한 곳: 아카사카 Kollabo 한국 퓨전식 레스토랑/ 신오오쿠보 레스토랑/ 신오오쿠보 Bar/ 에비스 몬자야키 이자카야/ 기후 현 스키장 피자 가게
- 이력서 돌린 곳: 약 20여 곳
- 일본어 실력: 상
- 최저 시급: 약 900엔(2014년 당시)
- 총 일해서 번 돈: 약 150만 엔(한화 약 1,500만 원)
- 여행 간 곳(일본)

혼슈
(도쿄, 나가노 현/ 사이타마 현/ 치바 현/ 나고야 현/ 시즈오카 현/ 효고 현/ 와카야마 현/ 기후 현/ 도치키 현/ 가나가와 현/ 돗토리 현/ 시마네 현/ 히로시마 현/ 오카야마 현/ 야마구치 현/ 나라 현/ 교토/ 오오사카/ 시모노세키)

큐슈
(오이타 현/ 후쿠오카 현/ 나가사키 현/ 미야지마 현/ 구마모토 현/ 가고시마 현)

시코쿠
(코치 현/ 도쿠시마 현/ 카가와 현/ 에히메 현)

오키나와 현
- 경험: 일자리 문전 박대 약 10회/ 슬럼프 극복 차 머리 빡빡이로 밈(12mm)/ JLPTN2(일본어 능력 시험) 자격증 획득/ 일본 운전 면허증 획득/ 패션의 성지 하라주쿠에서 스트리트 사진작가에게 모델 촬영 및 인터넷에 실림/ 33일간 자가용으로 일본 전국 일주/ 일본 경찰 3회 만남(여행 중)/ 수치스러운 일 1회(홈스테이 아들에게)/ 한겨울 눈 오는 날과 수많은 별을 보며 노천 온천/ 운 적 한 번(한국에 가고 싶어서)/ 혼자 놀이동산 간 적 1번/ 차 사고 2회(펑크, 보닛 박살)/ 겨울에 스노보드 미친 듯이 탐/ 3번의 일본인 여자 친구와 연애/ 귀국할 때 자가용으로 후쿠오카에 가서 배 타고 한국으로 돌아옴/ 일본인 여자애와 싸운 적 1번/ 평생 일본인 친구 3명 사귐 등
- 비행기 값: 65만 원 (1년 왕복)
- 초기 정착금: 약 500만 원(왕복 항공권 65만 원 + 홈스테이 2달 100만 원 + 어학원 3개월 150만 원 + 생활비 2개월 150만 원)

일본 워킹홀리데이 그 후,

nomade life

working holidays

일본 워킹홀리데이 그 후, 두 번째 워킹홀리데이

일본에 이어 2번째 워킹홀리데이 '아일랜드'

일본 워킹홀리데이를 다녀온 후 1년 반의 시간이 흐를 동안 학교에 복학하였고 교내 국내 여행 동아리 '발디딤', 2015 천안 흥타령 춤 축제 서포터즈 부회장, 경기 관광공사 MICE 서포터즈 3기, YGK 18기 제주 문화 탐방 대장정 스태프, 현대 자동차 해피 무브 인도 문화 봉사 17기, 독도 아카데미 31기 그리고 '사랑은 엽서를 타고' 프로젝트를 했다.

교내 활동보다 대외 활동을 열심히 한 이유는 '학교'라는 틀은 내가 발전하기에는 그릇이 너무 작다고 생각했기 때문이다. 다양한 세상을 경험하며 내 그릇을 키워 나가고 싶었다. 그 과정 속 꾸준한 아르바이트로 모은 돈으로 용돈을 하며 틈틈이 해외여행을 갔고 자기 계발을 했다.

이 모든 것들이 '스펙'보다는 '경험'을 중시한 나의 선택이었다. 몸이 가는 대로 마음이 가는 대로 하고 싶을 땐 해야 한다는 생각에 이 자리에 왔고 소중한 인연들을 만나며 결국, 이것들이 하나의 '연결 고리'로서 작용했다.

그리고 이제, 내 꿈을 향한 첫발을 내딛으려 한다. 20대에 워킹홀리데이로 갈 수 있는 나라는 다 가 보는 것이 나의 단순한 목표였고 허황된 것일 수도 있었다. 이제는 그 꿈들을 하나씩 실현해 나가려고 한다. 늦었다고 생각하지만, 아직 늦지 않았다. 아일랜드에 이어 캐나다, 뉴질랜드, 호주를 끝으로 내가 원하는 여행자들을 위한 공간을 설립하려고 한다.

어디를 가든 낯선 세계에 적응하기란 쉽지 않다. 내가 그들의 '다리'가 되어 주고 싶다. 최소한 잘 곳만큼은 편히 쉴 수 있게 해 주고 싶다.

〈2박 3일 일본 도쿄 여행 영상〉

여행이 항상 옳은 것은
아니야

제2부

아일랜드 워킹홀리데이

2016.10.24 ~ 2017.07.25

아일랜드행

아일랜드 워킹홀리데이 D-Day

1년간 타지에서 살아야 하니 가져갈 짐이 많다. 마치 이민을 하듯 큰 여행용 가방에 짐을 꾸역꾸역 넣었고 75L 가방에도 마찬가지였다. 양손에 두 개의 배낭과 가방까지 이끌고 집을 나서니 무거운 짐만큼 내 마음도 무거웠다.

이윽고, 탑승 게이트에 도착하여 지인들과 마저 못한 연락을 끝내고 비행기에 탑승했다. 인천에서 영국 히스로 공항까지 12시간 장거리 비행은 만만치 않았다. 종일 앉아 있는 것이 고역이었고 특히 오른쪽에 앉은 부부가 화장실을 갈 때면 자리를 비켜 줘야 했기에 불편을 감수했다.

그래도 맛있는 기내식이 점심, 저녁 두 번이나 나오니 기분은 좋았다. 소화할 겸 잠보다 책 읽는 것이 낫다는 생각에 한국에서 구매한 《유시민의 글쓰기 특강》 1권을 독파했다. 나름 괜찮은 비행이다.

인천에서 오전 10시 35분 비행기 탑승 후 영국 히스로 공항에 오후 2시 35분 도착 예정이었지만 비행기가 25분 지연된 이유로 오후 3시에 도착했다. 영국에서 아일랜드행 비행기는 오후 5시 20분까지 2시간 여유가 있었다. 하지만 게이트에 가는 길을 몰라 헤맸다. 여기는 어디고 나는 누구지? 순간 '정신적 혼란'이 왔다. 마침 곤란해하던 나를 보곤 말레이시아 사람이 도와주어 시간에 맞춰 비행기에 탑승했다.

더블린 공항에 도착하니 해는 저물고 아일랜드의 세찬 바람이 나를 맞이

했다. 입국 절차를 마치고 나서야 타지에 온 실감이 났다. 사전에 홈스테이 한 달 신청으로 담당자가 데리러 왔고 더블린 외곽의 조용한 마을에 도착했다. 50대 홈스테이 어머니와 인사를 나누고 집에 들어와서 짐을 풀어놓으니 이제야 고된 여정으로부터 한시름 놓았다.

앞으로 아일랜드의 생활이 기대된다.

더블린 사람들

아일랜드 워킹홀리데이 D+2

　꿈도 꾸지 않고 푹 잤다. 어제 긴장을 많이 했는지 8시간의 시차가 만만치 않았나 보다. 한국 시각으로 24일 새벽 6시에 일어나 25일 새벽 5시에 도착했으니 하룻밤을 지새웠다. 아침 일찍 일어나 간단하게 토스트와 시리얼을 먹고 더블린 시티로 향했다. 더블린 버스 안에서는 와이파이가 연결되니 다행이다. 구글맵을 이용해 어디서 내려야 할지 짐작할 수 있기 때문이다.

　오늘의 간단한 일과는 첫째, 휴대폰 개통. 둘째, 보험 가입. 셋째, 스쿨레터 받기. 넷째, 교통카드 발급. 다섯째, 더블린 시티 관광이다. 가장 중요한 것은 아일랜드에서 생활하기 위한 기본적인 용무다. 어딜 가든 처음 타지 생활은 항상 바쁘다.

더블린 시티 중심가의 건물은 하나같이 예뻤고 TV에서 보던 것과 달리 실제로 본 도시는 매혹적이었다. 거리의 음악 연주는 영화 '원스'를 연상시켰고 걸어 다니는 사람들의 모습에서 생활의 여유로움을 느낄 수 있었다.

취미가 수입으로

아일랜드 워킹홀리데이 D+3

아침부터 블로그 정리 중이다. 워킹홀리데이 협회에서 아일랜드 생활기 3건당 20유로(한화 약 24,000원)씩 준다고 했다. 1일 1건 기준 3일에 3건, 20유로니 1달에 200유로(한화 약 240,000원)라는 고정 수입이 생겼다. 평상시 기록하는 것을 좋아해서 항상 블로그를 했었는데 취미가 돈이 된 셈이다.

오늘은 유학 와 있는 대학 후배와 같이 더블린 근교 '브레이'에 여행가기로 했다. 먼 타지에서 아는 사람을 만난다는 것이 얼마나 위로가 되는지 오기 전 많은 도움을 받은 고마운 동생이다.

Hineken이라는 건물 앞에서 만나 dart라는 아일랜드 기차를 타고 35분 만에 도착한 브레이.

넓은 바다가 그동안 답답했던 가슴을 뻥 뚫리게 했다. 세련된 더블린과 다르게 이곳은 고즈넉한 분위기의 조용한 마을이다. 아일랜드 최대의 해안 휴양 도시며 영화 원스(Once)의 촬영지인 브레이 헤드(Bray Head)라는 언덕이 있는데 이곳에 올라서면 브레이 전경을 한눈에 내려다볼 수 있다. 다음에 다시 오겠다는 다짐을 하고 곧장 볼링장으로 향했다.

브레이에만 있는 유일한 볼링장. 10유로를 내고 오후 11시까지 볼링과 당구를 무제한으로 할 수 있는 시스템이라 신기했다. 재미 삼아 내기를 하고 해가 지기 전 더블린으로 돌아왔다.

그리고 생각지도 못한 일이 발생했다. 홈스테이 엄마가 화가 났다. 이유는 페이스북에 홈스테이의 관련 사진들을 올린 것. 더블린은 위험한 지역이고 안전하게 사는 이 집의 정보를 SNS에 노출했다는 것이 화가 난 이유다. 올리면 안 되는지 몰랐을뿐더러 이 작은 페이지를 홈스테이 엄마가 알 것이라곤 생각도 못 했다. 가벼운 마음으로 올린 SNS의 사진들이 나를 곤란한 상황으로 만들었다.

연신 죄송하다고 말을 하고 나서 게시된 사진들을 삭제했다. 앞으로 홈스테이 관련 사진은 일절 올리지 않겠다고 약속하고 나서야 사건은 끝이 났다. 여긴 외국이라는 것을 명심하고 행실을 조심히 해야겠다. 이후에, 올린 글이 결국 문제가 되어 홈스테이에서 쫓겨났고 두 번째 홈스테이 생활을 했다.

셰어 하우스

아일랜드 워킹홀리데이 D+6

공부하던 중 영준이 형과 집을 보러갔다. 리피강을 기준으로 강북에 있는 시티 센터와 가까운 곳이다. 베네수엘라, 멕시코, 인도, 한국인이 사는 셰어 하우스인데 이곳에 한국인 대신 내가 들어가게 된다. 가장 중점적으로 본 것은 위치, 가격, 화장실 수압이었다. 앞으로 일할 곳과 학원이 시티 센터 쪽이어서 위치가 좋았다. 가격은 렌트비(1달 집값) 300유로, 디파짓(보증금) 300유로, 빌(공과금) 2달에 약 30유로로 괜찮았다.

가장 중요한 것이 화장실 수압이다. 샤워와 볼일 볼 때 중요하기 때문이다. 물을 틀어 보니 만족스러웠다. 무엇보다 좋았던 것은 발코니가 있었다. 가끔 발코니에서 '루아스(노면 전차)'가 지나가는 소리와 더블린의 냄새를 맡으며 맥주 한잔하는 것도 괜찮을 것 같다. 사실 요즘 집 구하기가 힘들다고 하는데 운이 좋아 잘 구한 것 같다. 홈스테이, 셰어 하우스, 기숙사, 자취는 장단점이 있다. 아일랜드에서 셰어 하우스에 살아 보려고 한다.

학원 첫날

아일랜드 워킹홀리데이 D+9

학원에서 간단하게 인터뷰로 영어 실력을 평가받았다. 내가 배정받은 반은 초급에서 가장 높은 반이다. 기초, 초급, 중급, 중상급, 상급, 최상급 중에 초급반이니 형편없는 영어 실력이다. 사실 노파심에 높은 반에 배정될까 봐 낮은 반으로 해 달라고 말했던 게 창피했다. 앞으로 6개월 다녀야 하니 열심히 해서 올라가야겠다.

내가 배정받은 반은 대만, 브라질, 콜롬비아, 사우디아라비아, 한국 학생이 있다. 영어가 너무 쉽지 않을까 걱정했지만, 수업을 듣고 난 뒤 그런 생각이 말끔히 사라졌다. 역시 나는 듣고 말하기가 안 된다. 오전 수업 내내 영어를 쓰니 머리가 아팠다. 이젠 익숙해져야 하니 빨리 적응해야겠다.

영어 공부

아일랜드 워킹홀리데이 D+10

오늘은 특별한 약속이 없어서 'central library' 도서관에 갔다. 이곳은 평일 오전 10시부터 오후 8시까지 열려 있어서 다른 도서관에 비해 많은 사람이 찾는다.

학원에서 내준 숙제를 하다 보니 졸음을 이기지 못해 잠들었다. 갑자기 누군가 나를 깨웠는데 알고 보니 도서관 직원이다. 이곳은 잠을 청하면 친절하게 깨워 주는 서비스가 있다.

처음엔 어떻게 영어 공부를 해야 할지 몰라 어리둥절했지만 이제 제법 영어 공부 체계가 잡혔다. 학교 수업 복습, 문법책 공부, 문장 패턴 외우기, 단어 공부, 테드 강연을 보고 남은 시간 영화나 미국 드라마를 보면 된다. 당분간 영어 공부는 이렇게 할 것 같다.

하늘과 가까운 도시 Howth

아일랜드 워킹홀리데이 D+13

아일랜드에서 '브레이' 다음으로 2번째 여행지 '호스'. 원래는 작은 어촌 마을이었으나 '다트'라는 철도의 북쪽 종점이 되면서 더블린의 근교 도시가 되었다. 이 지역은 과거에는 날씨가 나쁘거나 조류가 높으면 고립되었던 곳이다.

호스 항은 바닷가에서 새를 관찰하거나 보트와 요트를 즐길 수 있는 장소이며 대구, 가오리 등이 많이 잡혀 낚시꾼들이 자주 찾는다. 18세기 초부터는 항구로 이용되었다.

일전에 갔던 '브레이'와는 다른 매력을 가진 '호스'. 사실 가장 오고 싶었던 이유는 영화 '싱스트리트'의 촬영 장소이기도 했으며 야생 물개를 볼 수 있다고 해서였다. 호스 입구에 들어서자 주말이면 열리는 호스 마켓이 있었다. 각종 물건을 진열하곤 맛있는 음식들이 가득했다. 호스 항은 바다와 인접해 있어서 바람이 날카로웠고 하늘은 온통 갈매기로 물들었다.

호스 마을에 우두커니 서 있는 언덕은 바다를 옆에 끼고 트레킹을 할 수 있는 완벽한 장소이다. 트레킹 코스가 상, 중, 하로 나뉘어 있다. 본인의 취향에 따라 트레킹 코스를 선택하면 된다.

이곳은 피시&칩스가 유난히 맛있는 동네이기도 하다. 다른 지역과 달리 냉동 고기가 아닌 갓 잡은 고기로 요리를 하기 때문이다.

전단지 아르바이트

아일랜드 워킹홀리데이 D+17

대만 친구의 제안으로 오늘 전단지 아르바이트를 했다. 더블린 6에 있는 중국 레스토랑에서 약 500장의 메뉴를 주변에 있는 집 문 앞에 붙이는 일이다. 나와 대만 친구는 250장씩 나눠서 돌리기로 했다.

더블린 집들은 양쪽으로 길게 뻗어 있어서 전단지 돌리기에는 쉽다. 나는 오른쪽 대만 친구는 왼쪽을 맡아서 앞으로 나아가며 전단지를 돌리기로 했다. 내가 생각하는 전단지 돌리기의 요령은 무식하게 해야 한다. 쉽게 말해서 얼마나 빨리 움직이느냐에 따라서 전단지의 줄어드는 속도가 달라진다.

처음에는 문틈 사이로 전단지를 꽂으며 주변 눈치를 봤다. 그리고 뒤도 돌아보지 않고 다른 집으로 갔다. 가끔은 집 안에 개가 짖는 소리에 놀라 건너뛴 적도 있다. 하다 보니 여유가 생겨 주변 경치들도 바라보면서 했다. 더블린 집들은 기본적으로 마당이 있고 현관문에 턱이 없어 집 안에 바로 들어갈 수 있는 구조로 돼 있다. 그래서 뛰어다니며 돌리기엔 최적의 조건이었다.

나는 지금 '외국인 노동자'다. 하지만 언제 아일랜드에서 전단지를 돌려보냐는 생각에 하다 보니 제법 줄어드는 속도가 빨라졌다. 약 2시간가량 돌리고 나서야 250장은 바닥이 났다. 그리고 아직 안 끝난 대만 친구를 도왔다. 다 돌리고 나니 해가 질 무렵이었고 우리는 각자 15유로씩 벌었다. 돈 버는 거 쉽지 않다.

여유가 있는 도시 Dalkey

아일랜드 워킹홀리데이 D+20

　아일랜드 국내 여행 세 번째 '달키'는 영화 '원스'의 촬영지이기도 한 조용한 항구 마을이다. 주변에 아담한 집과 소박한 항구. 그리고 넓은 바다가 보이는 해변은 여유와 낭만을 느낄 수 있게 해 준다. 유명한 작가가 많은 아일랜드에는 이곳에도 꽤 걸출한 작가의 흔적이 있다. 우스운 묘비명(우물쭈물하다 내 이럴 줄 알았지)으로 많은 사람에게 알려진 조지 버나드쇼가 8년간 거주했으며 제임스 조이스도 이곳에 머물며 글 쓰는 작업을 했었다.

　더블린에서 Dart를 타고 30분 정도 지났을까, 도착한 달키 역은 작지만 고즈넉한 분위기였다. 약 15분 정도 걷고 나니 도착한 '40 Foot'은 더블린의 아름다운 해변이다. 추운 날씨에도 수영복을 입고 여유롭게 헤엄치는 사람들을 볼 수 있었다.

잠시 의자에 앉아 푸른 바다를 바라보며 책을 읽고 싶다는 생각을 했다. 주변에 알록달록한 집과 상쾌한 공기 그리고 애완견과 산책하는 주민들을 보니 여유로운 삶을 살고 있다는 생각을 했다. 늦게 도착한 브라질, 이탈리아 친구들과 만나 킬리니 언덕(Killiney Hill)에 갔다. 언덕에 오르니 아일랜드 영화 '원스'에서 등장한 반원 모양의 멋진 해변이 내려다보였다.

조금 더 걷다 보니 오벨리스크가 나왔다. 탑 같은데 앞에서 사진 찍으면 예쁘게 나올 것 같았다. 그것보다는 앞에 내려다보이는 달키의 모습이 아름다웠다. 하늘과 땅 사이에 맞닿은 신비의 마을 같은 느낌이었다.

감사

아일랜드 워킹홀리데이 D+22

어제 브라질 친구와 피닉스 파크에 갔다. 그 친구는 한국 나이로 이제 스무 살인데 가치관이 뚜렷하다. 자연스레 행복이라는 단어에 대해서 이야기하게 되었고 언제 행복하냐고 물어봤다.

"나는 매일 행복해. 내가 아일랜드에 있는 것도 행복하고 매일 아침에 일어날 수 있어서 행복해. 맛있는 음식을 먹을 수 있고 이렇게 좋은 곳도 올 수 있잖아. 그래서 매일 매일을 감사하게 살고 있어. 너는 언제 행복한데?"
"음…. 나는 가끔 행복해. 여행 갈 때. 맛있는 음식을 먹을 때. 사진 찍을 때. 글 쓸 때. 좋은 사람과 함께 있을 때. 그런데 모든 것들이 돈이 많으면 더 풍요롭잖아. 돈이 없을 땐 스트레스를 받을 때가 있어."
"너무 인생을 힘들게 사는 것 같네. 조금은 단순하게 살아가는 것도 좋을 것 같아. 너의 몸이 온전히 하루하루 지낼 수 있는 것에 감사해한다면 삶이 더 행복하고 풍요로울 것 같아. 지금 우리가 각자의 길을 걷다가 이곳 아일랜드에서 만난 것도 소중한 인연이듯, 삶을 살아갈 때는 뜻하지 않은 인연과의 행복도 느낄 수 있잖아."
"네 말이 맞아. 아마 모든 사람이 알고 있을 거야. 하지만 현실적인 문제에서는 누구나 이상적인 것만 생각할 순 없으니까 그게 문제지. 나 또한 날마다 감사하게 살고 있어. 항상 의식하고 사는 건 대단한 것 같아."

외국인 친구와 일상적인 대화보다 이렇게 진지한 얘기를 하니 좋았다. 나이가 어리고 적던 누구에게나 배울 것이 있다. 그래서 오늘도 감사해 하며 살았다. 학교에 가서 영어 공부를 할 수 있었고 맛있는 점심을 먹을 수 있었다. 그리고 집에 와서 맛있는 저녁을 먹고 샤워하고 영화도 봤다. 특별하지 않은 일상이었지만 감사하다.

게스트하우스

아일랜드 워킹홀리데이 D+24

게스트하우스 정의: 여행자용 숙소로 저렴한 요금과 간단한 시설이 갖추어져 있는 숙박업.

어제 세욱이 형과 대화 후 부쩍 생각이 많아졌다. 사실 혼란스럽다. 내가 정말 게스트하우스를 하고 싶은 것인지, 아니면 다른 것을 하고 싶은 건인지.

대부분 사람이 세상을 살면서 가장 중요하게 생각하는 것은 의식주라고 할 것 같다. 어느 것 하나 더 중요하다고 말하기 어렵겠지만 나는 개인적으로 '주'가 가장 중요하다고 생각한다. 내가 편히 쉴 수 있는 거처가 없으면 사람은 정말 초라해진다고 생각한다. 그래서 외국에 게스트하우스를 차리고 싶다. 타지에 오면 편안하게 거주할 공간이 없을뿐더러 쉴 수 있는 공간이 많지 않기 때문이다.

'에어비앤비', '카우치서핑'은 각자의 장단점이 있다. 나는 가난한 여행자들에게 또는 외로운 사람들에게 그런 공간을 만들고 싶다. 엄밀히 말한다면 게스트하우스가 아니어도 된다. 다른 형태의 숙박업이 될 수도 있다. 굳이 게스트하우스를 생각하는 이유는 말 그대로 손님을 맞이하는 집이다. 나는 새로운 사람 만나는 것을 좋아한다. 같이 어울리면서 그 사람을 알아가는 것 또한 좋아한다. 누구나 악한 사람은 없다고 생각한다. 단지 성격이 서로 다를 뿐이다. 그렇기에 외국에서 만난 여행자는 학벌, 나이, 성별, 스펙이 중요하지 않다.

자신을 나타낼 수 있는 것은 온전히 그 '사람' 뿐이다. 그런 사람들과 부대끼며 살아가고 싶다. 슬플 땐 함께 슬퍼해 주고 기쁠 땐 같이 웃어 주며 사람 냄새 나는 곳. 내가 원하는 공동체를 형성해서 매일 파티는 못 하더라도 나만의 게스트하우스에서는 행복이 넘치는 공간이 되게 하고 싶다.

여행하면 새로운 것들을 경험하게 되고 새로운 사람을 만난다. 그리고 사람들과의 만남과 헤어짐이 있다. 이 모든 것들을 위해서는 외국에서 거주할 공간이 있고 없고는 정말 중요하다. 집이 없어 노숙해 본 적도 있었고 차에서 잔 적도 많았으며 불편한 집에서 산 적도 있다. 여행의 시작은 집이고 종착지도 집이다.

내가 겪은 것들이 누군가에게 게스트하우스를 차려서 도움이 된다면 나 또한 행복할 것 같다. 여행을 풍요롭게 하고 재미있게 할 수 있는 원동력은 머물 곳이라고 생각한다. 그렇다고 돈을 생각하지 않는 건 아니다. 돈이 없으면 내가 굶기 때문이다.

홈스테이 끝

아일랜드 워킹홀리데이 D+28

아일랜드에서 홈스테이하는 경우 대부분 더블린 외곽 지역에서 한다. 우리 집은 더블린 시내까지 버스로 1시간이나 걸릴 만큼 멀다. 무엇보다 학원까지 왔다 갔다 하는데 힘들었다. 아일랜드 초기 정착 시에는 집 보러 다니고 일자리 구하러 다녀야 하는데, 이건 모두 시티 센터에서 해야 했다. 늦게까지 하는 도서관도 이곳에 있고 사람들과 만나는데도 막차가 끊기기 전 일찍 들어와야 했다.

특히 매일 저녁 시간이 정해져 있는데 그 시간에 밥을 못 먹게 되면 남겨 달라고 하거나 안 먹는다고 말해야 한다. 남겨 달라고 할 경우 한두 번이면 괜찮겠는데 자주 그런 일이 생기면 안 먹는다고 하는 편이 서로에게 낫다. 결국, 밥을 안 먹으면 내가 낸 돈의 저녁 식사가 날아가는 것이다. 그래서 누군가와 저녁에 술을 먹거나 밥을 먹지 못하는 경우가 많았다. 이제 이사하면 이런 불편함이 없겠지만, 홈스테이 생활이 그리워질 것 같다.

아일랜드에 처음 오는 유학생들의 대부분은 초기 현지 정착과 적응을 위해 안전한 홈스테이 생활로 시작한다. 그런데 주변 사람들을 보면 홈스테이 생활을 즐기지 못하는 경우가 대부분이다. 홈스테이는 비싼 가격 대비 가난한 유학생들에겐 오래 머물기에 부담스럽다. 더군다나 대부분 외곽 지역에 있으므로 교통비가 들기도 한다. 정착 초기에는 이사할 곳을 찾으러 다니느라 바쁘다. 일자리까지 구하는 유학생들이라면 집보다 밖에 있는 시간이 더 많을 수도 있다. 집에 오면 다시 인터넷과 휴대폰으로 폭풍 검색을 해야 한다. 그러한 이유로 집에 오면 가족들과 즐기지 못하고 녹초가 돼 버린다.

나 또한 그랬기에 아일랜드의 첫 홈스테이가 아쉽기만 하다. 살면서 현지 가정에서 생활하며 문화를 배울 기회가 흔치 않기 때문이다. 아들처럼 딸처럼 홈 맘과 스스럼없이 지낸다면 아마 만족스러운 홈스테이를 보낼 것이다. 나는 그러지 못했다. 넉살스럽게 홈 맘에게 다가가지 못했고 개인적인 것들에 몰두하다 보니 유대 관계가 깊지 못했다. 그래서 더 아쉽다.

일주일 만에 첫 홈스테이에서 쫓겨나고 이곳에서 3주간의 두 번째 홈스테이가 오늘로 끝이다. 내일이면 시티 센터 쪽 새로운 집으로 이사한다. 그동안 이곳에서 홈 맘과 같이 밥 먹고 이야기 나눈 것들이 이제는 모두 추억으로 남겨질 생각에 아쉽다.

혹여 아일랜드에 홈스테이로 온다면 앞으로 언제 할지 모르는 홈스테이를 즐겼으면 한다. 최대한 집에 있으면서 가족들과 시간 보내는 것을 추천한다. 가끔 같이 장도 보고 TV도 보며 영어로 대화하는 시간을 갖는다면 홈 맘도 좋아할 것이다.

홈스테이마다 집에서 지켜야 할 규칙이 있다. 대부분 공통으로 지켜야 할 규칙은 샤워 시간이다. 한국 사람들은 유난히 샤워 시간이 길다. 최소 10분. 뜨거운 물에 몸을 녹이면 계속 있고 싶어진다. 하지만 아일랜드에서는 전기로 샤워를 하므로 비싼 전기세 때문인지 10분 이상 샤워를 못 하게 하는 홈스테이 규칙이 있다.

이 사람들도 사람이다. 내가 홈스테이에서 살아야 한다면 최대한 이 집의 규칙에 맞게 나를 변화시켜야 한다. 한국에서의 나를 잊어라. 편식했다면 이곳에서만큼은 맛있게 음식을 먹고 최대한 웃으며 리액션을 해라. 그러면 떡이라도 하나 더 준다. 혹여 외국에 온 것이 신기해 집 사진을 찍어

SNS에 올리고 싶다면 무조건 물어보고 올려라. 처음 홈스테이 올 때 가족들에게 줄 선물을 사 오는 것도 좋다. 그리고 홈스테이가 끝날 때도 잘 마무리해라. 이사할 때 데려다줄 수도 있다. 좋다면 선물을 사 주는 것도 하나의 방법이다.

분명 홈스테이는 내 돈을 내고 사는 것이지만 남의 집에서 살기 때문에 편하지만은 않다. 남의 집에서 산다는 것이 얼마나 불편한지는 살아보면 알 것이다. 오히려 홈스테이 가족들도 외국인이 자기 집에서 산다는 것에는 마찬가지일 것이다. 그렇지만 어차피 사는 거 서로 불편한 것보다 즐긴다면 잊지 못할 홈스테이 생활이 될 것이다.

나는 오늘 홈 맘에게 크리스마스 분위기가 나는 작은 선인장을 선물했다. 기뻐하는 홈 맘을 보니 기분이 좋았다. 이제 정들었던 내 방. 타던 버스. 주변에 있는 집과 모든 것들이 안녕이다. 일본에 살았던 홈 맘이 보고 싶고 아일랜드 홈 맘이 그리워질 것이다. 항상 헤어짐은 아쉽다.

아일랜드 첫 직장

아일랜드 워킹홀리데이 D+33

　아일랜드에 온 지 한 달째 드디어 일을 구했다. 잠시 일식 레스토랑에서 일하다가 하루 만에 잘리고 나서 떨어져 가는 돈을 보며 초조했었다. 그런데 오늘 일을 할 수 있다는 확정을 받았다.

　이곳에서 일하기까지 과정은 순탄치 않았다. 게스트하우스가 꿈이기에 호스텔이나 호텔에서 일하길 원했고 영어가 안 되니 하우스키핑이라도 하고 싶었다. 일본어와 한국어 사용이 가능한 다른 곳도 가리지 않고 무조건 CV(이력서)를 돌렸다. 키친 포터, 카페, 관광 가이드, 하우스 키핑. 일 구하기가 생각보다 만만치 않았다. 온라인과 오프라인으로 CV를 약 50군데는 넣었지만 단 한 곳에서도 연락이 안 왔다. 그야말로 '좌절'이었다. 한국 식당을 제외하니 일 구하기가 너무 힘들었다.

그래도 희망적이었던 것은 '코코로 공장'에서 GNIB(아일랜드 거주 비자, 허가증)를 받고 오면 일을 시켜 주겠다는 약속을 받았다. 내가 받을 GNIB는 예약 날짜가 12월 8일이다. 그때까지 일을 구하다가 못 구하면 오라고 말했다. 나를 배려해 준 매니저님께 감사하다.

일을 구하던 중 저번 주 토요일 지금 일하게 된 'Kokoro Ramen Bar'에 갔다. 라면 하나에 14.5유로. 너무 비쌌다. 그래도 비싼 만큼 맛은 있었다. 이곳에서 일하면 맛있는 라면을 자주 먹을 수 있을 것 같고 영어 쓰면서 일할 수 있을 것 같았다. 무엇보다도 학원 다니면서 저녁에 일할 수 있으니 딱 맞는 조건이었다. 그래서 무슨 일이 있어도 이곳에서 일하고 싶었다. 마침 종업원이 일본인이었고 일본어를 할 수 있는 재능을 살려 물어봤다.

"혹시 여기 주방에서 일할 사람 구하나요?"

종업원은 일을 구한다고 했고 CV를 여러 번 내본 결과 사장이 없으면 매니저와 이야기하는 것이 가능성이 높다는 것을 알았다. 그래서 매니저를 만나고 싶은데 오늘 있냐는 말에 다음 주 화요일에 있을 거라며 면접 보러 오라고 했다. 매니저는 없었지만, 화요일 면접을 보고 수요일과 오늘 일했고 다행히 가게 사람들이 나를 좋게 봤다. 이틀간 트라이얼(테스트) 한 결과 가게에서 일할 수 있게 된 것이다.

여행은 살아 보는 거야

아일랜드 워킹홀리데이 D+37

⟨2016.11 Ireland Dublin⟩

아일랜드 워홀 여행은
살아 보는 거

아일랜드에 1달간 살면서 느꼈던 감정들로 독백 형식으로 만든 영상.

학원 친구들

아일랜드 워킹홀리데이 D+40

내가 다니는 학원의 반은 Pre intermediate다. Elementary 레벨에서 내가 올려 달라고 해서 한 단계 올라왔다. 우리 반 학생들은 터키 2명, 한국인 2명, 멕시코 1명, 벨기에 1명, 브라질 8명이다. 아일랜드 더블린에는 한국인과 브라질이 제일 많다. 그래서 우리 반에도 브라질 친구가 제일 많다. 포르투갈어를 사용하는 브라질 친구들 덕분에 몇몇 언어를 배웠다. 오브리가도 마누(Thanks Bro), 오이(Hi) 등. 가끔 반에서 이런 말을 하면 친구들은 좋아한다. 자기들 나라 말을 사용하니 말이다.

나도 브라질 친구들이 좋다. 성격이 쾌활하고 항상 행복해 보인다. 특히, 브라질 친구들은 사진 찍는 것을 무척 좋아한다. 언제 어디서든 카메라를 들고 다 같이 모인 자리에서 사진을 찍곤 한다. 기록하고 남기는 것을 좋아해서 페이스북에 자주 사진을 올린다. 생일이나 고국으로 돌아갈 때 하는 파티는 말할 것도 없다. 매주 주말에는 무조건 놀아야 한다는 생각을 하고 있다. 그래서 항상 지금을 즐기라고 말한다. 'Enjoy now.'

그래서 브라질 친구들에게 배울 점이 많다. 내일 걱정은 나중에 하고 지금을 즐기는 것. 우리 반 친구들이 너무 좋다. 다들 모나지 않고 착하다. 각자 다른 나라에서 온 학생들이 모여서 같은 언어를 배운다는 것. 지금 이 순간을 즐기자.

세 번째 이사 그리고 택배와 GNIB

아일랜드 워킹홀리데이 D+46

오늘 세 번째 이사를 했다. 아일랜드에 온 지 1달이 지나고 2주가 됐다. 홈스테이와 2주 단기 방을 구했다. 그리고 오늘 이전에 보러 갔던 셰어 하우스로 이사했다. 앞으로 이곳에서 약 6개월간 장기 방으로 살 것 같다. 짧은 시간 동안 잦은 이사로 솔직히 힘들었다. 더블린에서 집 구하기가 힘들다는 것은 알고 있었고 나뿐만 아니라 이곳에 오는 외국인들이 모두 집 때문에 힘들어 한다는 것도 안다. 그런데 막상 세 번이나 이사를 하다 보니 이제는 이사한다는 개념보다는 잠시 여행한다는 개념이 더 익숙해진 것 같다. 세 곳에서 살아 보면서 느낀 것은 같은 지역이라도 여러 곳에서 살아 보니 다른 풍경과 다른 환경에서 다양한 경험을 해 보는 것도 나쁘지 않다는 것이다.

이곳에는 영어를 잘하는 외국인 친구들뿐이다. 내 룸메이트는 공항에서 일하는 인도 친구. 플랫메이트는 멕시코와 베네수엘라 친구가 있다. 건물 4층의 우리 집은 시티 중심부에 있어서 학교까지 걸어서 5분이면 간다. 도서관도 바로 앞에 있고 모든 쇼핑센터의 중심지라 위치가 최적이다. 가격도 적당하고 아마 내가 이렇게 좋은 곳으로 오기까지 많은 고생을 했나 보다 생각하는 게 편한 것 같다. 그동안 셰어 하우스에 대한 로망이 있었는데 앞으로 살 생각을 하니 새롭기만 하다.

이사를 하고 잠시 택배를 보낸 뒤 GNIB를 받으러 이민국에 갔다. 아일랜드에서는 합법적으로 체류하려면 아일랜드에서 거주하고 있다는 거주 비자를 받아야 한다. 아일랜드에서 거주하기 위해 받는 비자. 즉 허가증을

GNIB라고 한다.

한국에서 워킹홀리데이 비자로 오는 경우 이미 비자를 받고 온다고 생각하기 때문에 그냥 이곳에 와서 살아도 된다고 생각한다. 하지만 아일랜드에 와서는 따로 GNIB를 받아야 한다. 학생 비자도 마찬가지. 입국 심사할 때 최대 3개월 안에 GNIB를 받으라고 하는데 기간 안에 받지 못하면 불법 체류자가 된다.

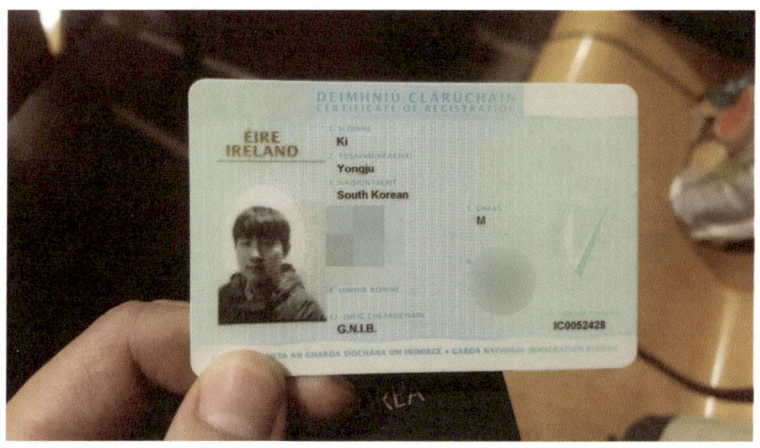

하우스 파티

아일랜드 워킹홀리데이 D+47

브라질 친구 John의 권유로 CES 학원 기숙사에서 하는 홈 파티에 갔다. 아일랜드에서 제일 비싼 학원으로 유명한 CES는 기숙사도 엄청나게 크다. 구역을 통째로 빌려서 여러 나라에서 온 외국인들이 살고 있었다. 매주 파티를 한다고 하는데 오늘은 스페인에서 온 친구가 고국으로 돌아간다는 의미에서 송별회를 열었다.

밤 7시에 시작하는 파티에 1시간 늦게 도착해서인지 파티는 무르익었고 주메뉴는 한국 음식이었다. 삼겹살과 떡볶이, 라볶이, 김밥까지 오랜만의 한국 음식에 반갑기만 했다. 특히 불닭볶음면을 만들어서 외국인들에게 한 입씩 먹여 볼 때 반응이 너무 웃겼다. 모두 매워하는 모습이 한국 사람인 내겐 재밌기만 했다.

CES는 내가 다니는 학원에 비해 다양한 나라의 외국인들이 많았다. 이탈리아, 사우디아라비아, 프랑스, 멕시코, 브라질, 한국, 터키 그리고 우리 학원에서는 한 번도 못 본 스페인 사람도 많았다. 사업 때문에 미국에서 온 사람들도 있었다.

늘 그렇듯이 아일랜드에 와서 처음 보는 외국인과 대화의 시작은 'what's your name? Where are you from?'이다. 이미 입이 닳도록 말하는 것 같다.

PPSN 넘버

아일랜드 워킹홀리데이 D+50

　오늘은 PPSN 넘버를 받기로 예약을 한 날이다. 오후 1시 45분에 예약이 돼 있어서 학교 수업이 끝나고 간단하게 점심을 먹은 뒤 받으러 갔다. 예약했다고 하니 접수대에서 내 이름을 확인하고 창구 번호를 알려줬다. 예약 시간을 기다리는 동안 PPSN을 받기 위해 작성해야 할 기본 서류를 준다. 앞, 뒤로 있으니 제대로 확인하고 작성하면 된다.

　GNIB를 너무 늦게 받아서 받자마자 PPSN 예약을 했는데 막상 받으러 가니 GNIB 검사는 하지 않았다. 경우에 따라서 다른 건지는 모르겠지만, 일자리를 먼저 구했다면 GNIB가 없어도 잡레터를 가지고 PPSN 넘버를 받을 수 있을 것 같다는 생각을 했다. PPSN 넘버를 받으러 갈 때 Tip은 예약한 시간보다 15분 정도 일찍 가서 미리 서류를 작성하는 게 좋다. PPSN 넘버는 우편으로 일주일 후 집으로 도착한다.

　PPSN 넘버(Personal Public Service Number - PPSN)란 아일랜드 체류 기간 동안 사회 보장 번호에 해당되는 개별 공공 서비스 번호를 말한다. 아일랜드 내 취업 활동과 세금 납부, 복지 등 공공 서비스 혜택을 위한 9자리 번호다. 아일랜드에서 일하며 돈을 받는 방식은 2가지인데, 보통 한인 잡에서는 세금 신고하지 않고 캐시로 돈을 주기 때문에 PPSN 넘버가 필요 없다. 하지만 일반적인 가게에서는 4대 보험을 가입하고 세금을 내며 일하기 때문에 일하는 가게에서 PPSN 넘버가 필요하다. 그래야 PPSN 넘버가 필요한 은행 계좌로 돈을 받을 수 있다.

아일랜드 첫 직장 잘리다

아일랜드 워킹홀리데이 D+52

오늘 일이 잘렸다는 확정을 받았다. 이유인즉슨, 처음 일할 때는 잘했는데 가면 갈수록 일을 못 한다고 해서 잘랐다는 거다. 아무 통보 없이 잘렸다는 얘기를 들으니 화가 났지만 '일을 못 해서'라고 하니 스스로에게 더 화가 났다. 그리고 오늘 가게에 가서 매니저를 만났고 이렇게 얘기했다.

"목요일에 너 가게 나오는 날인데 왜 나오지 않았어?"
"나는 나오지 말라고 해서 안 갔는데?"
"내가 너 목요일에 GNIB 받고 오후 5시 30분까지 못 올 거 같으면 가게 오기 전 연락하라고 했잖아."
"알아, 네가 그렇게 얘기한 거. 근데 나는 한국인 동생한테 나오지 말라고 들었는데?"
"목요일 저녁에 엄청 바빴어. 사장님이 CCTV 보고 1명이 없는 거 알고 무단결근으로 생각했는지 안 나온 애 자르라고 했어."
"뭔가 오해가 있는 거 같은데 한국인 동생이 나한테 목요일에 나오지 말라고 했어. 그래서 나는 안 간 거야."
"이미 너는 잘렸어."
"하…. 그래 알겠어. 돈은 언제 받을 수 있어?"
"다음 주 월요일에 가게에 와."
"그래."

10일 동안 일하고 'kokoro ramenbar'에서 잘렸다. 아일랜드에 와서 50일 동안 3번의 이사와 2번의 일을 잘리고 더는 의욕이 생기지 않는다.

요새 목감기에 몸 상태도 안 좋은데 무엇보다 일을 잘린 게 창피하고 분하다.

결국엔 모든 문제의 원인은 '언어'인 것 같다. 언어가 안 되니 이곳에서 일어나는 일들에 대해 내가 대처를 잘 못하는 것 같다. 더욱더 영어 공부를 열심히 해야 한다. 그래도 긍정적으로 생각하자. 마침 곧 있음 2주간의 학교 방학이 있으니 돈을 받으면 다른 나라로 여행을 다녀와야겠다.

방학

아일랜드 워킹홀리데이 D+54

오늘부터 1월 1일까지 약 2주간 어학교 방학이다. 방학은 늘 생각만 해도 설레고 좋다. 매번 방학에는 외국으로 여행을 갔던 것 같다. 그래서 이번에도 방학 기간 잠시 다른 나라로 여행 다녀올 생각이다.

다음 주 월요일에 10일간 일했던 곳에서 돈을 받은 후 네덜란드에 갈 것 같다. 내가 받을 돈은 500유로뿐. 크리스마스 시즌이라 비행깃값이 비싸다. 그래서 숙박비라도 아낄 생각에 결정한 것은 '카우치서핑'이었다. 첫 시도라서 잘할 수 있을까 걱정이 많았지만, 다행히 두 군데에서 카우치서핑 확정을 받았다. 물론 가서 어떻게 될지 모르겠지만 일단 가 보려고 한다.

첫 카우치서핑

아일랜드 워킹홀리데이 D+58

50만 원(400유로)으로 시작하는 무계획 유럽 여행 D-Day
In Netherlands

아일랜드에 워킹홀리데이로 와서 일도 잘리고 아직 받아야 할 돈도 은행 계좌가 없어서 못 받았다. 지금 내가 가진 돈은 400유로(당시 약 50만 원). 솔직히 이 돈으로 여행을 간다는 것은 배부른 소리다. 당장 생활비도 없는 마당에 무슨 여행이냐고 말하겠지만, 일도 안 하고 지금이 아니면 기회가 없을 것 같다. 그래서 결정한 것은 카우치서핑과 블라블라카. 최대한 돈을 아끼자는 생각에 선택한 방법이기도 하지만 카우치서핑을 한 번쯤 해 보고 싶었다.

그렇게 나의 첫 유럽 일주 시작은 네덜란드. 편도 티켓을 끊고 호스트를 구한 뒤 네덜란드행 비행기에 몸을 실었다. 첫 카우치서핑이기도 하고 처음으로 다른 유럽 땅을 밟는 것이기에 두려웠다. 특히, 어제 독일 베를린에서 일어난 테러로 무서웠다. 어느새 네덜란드 암스테르담 공항에 도착했다. 이민국 심사를 마치고 카우치서핑 호스트가 있는 집에 가기 위해 Driebergen-Zeist행 기차표를 끊었다.

기차 안에서 본 네덜란드의 첫인상은 온통 안개로 뒤덮여 있었고 넓은 잔디밭에 양이 풀을 뜯어 먹는 모습이었다. 약 45분 만에 도착한 Driebergen-Zeist역. 내리자마자 나의 첫 호스트 Javelin이 나와 있었다.

Javelin은 내 방을 소개해 주며 커피 한 잔을 줬다. 미술 선생님이기도 한 Javelin 덕에 집에는 온통 그림 액자가 걸려 있었다. 내 방에도 그림이 걸려 있었다. 마치 갇혀 있던 공간에서 세상을 향해 문을 열고 나오는 듯한 여자의 그림을 보고 물어봤다.

"이 그림의 이름은 뭐예요?"
"딱히 이름은 없어, 나는 그림에 이름을 짓지 않아. 왜냐하면, 사람마다 느끼는 감정과 생각은 다른데 내가 그림을 특정 지어 이름을 붙이게 되면 상상할 수 있는 것들이 제한된다고 생각하거든. 사람들은 어떤 물건이나 모든 것에 이름을 지어. 그렇게 지어 버리면 우리가 생각할 수 있는 것은 그것뿐이야. 이름을 지어 버리면 내가 느끼는 감정들을 그대로 표현할 수 없잖아."

이야기를 하다 보니 길어졌다.

"사실 최근에 저는 아일랜드 생활하면서 게을러졌어요. 가끔 학원도 안 가고 늦잠도 자고 뭐랄까. 나태해졌다고 해야 하나? 한국에서는 항상 뭐든지 빨리하고 움직였는데 아일랜드에 오니 여유롭다 못해 게을러진 것 같아요."

"한국에선 빠르게 생활했을지 몰라도 지금 이곳에서 네가 게을러진 상황을 즐겼으면 좋겠어. 가끔은 느리게도 생활해 보고 늦잠도 자고 그냥 어떤 것에 이유를 붙이지 말고 현재를 즐겨. 다른 것에 신경 쓰는 것보다 너 자신이 어떻게 하면 행복해질 수 있고 뭘 하면 즐거운지 그것에 집중하는 게 좋다고 생각해. 어떤 상황이든 선택할 수 있는 가짓수는 많아. 6가지의 가짓수 중 1가지가 안 됐다면 그다음 5가지 가짓수가 있잖아. 그러니 너무 두려워하지 마."

"저는 네덜란드에 오기 전 일을 잘렸었어요. 만약 제가 일을 잘리지 않았다면 아일랜드에서 일하고 있었겠죠. 그리고 이곳에 없었을 거예요. 좋게 생각하면 저는 일을 잘렸기 때문에 이렇게 네덜란드에 와서 카우치도 하고 있고 Javelin도 만날 수 있었던 것 같아요."

"좋은 생각이야! 사실 네가 나의 첫 카우치서핑 서퍼야. 그래서 반가워!"

"저도 이곳에 첫 서퍼로 와서 좋아요."

"많은 사람들은 어떤 행동에 항상 이유를 붙여. 그러나 그냥 지금 이 순간 Felling을 느낀다면 그것이 가장 최선이라고 생각해. 너의 감정을 머리로 생각하지 말고 마음으로 생각해."

오늘 이곳에서 첫 카우치를 하는 게 행복하다.

네덜란드 마켓&사람들

아일랜드 워킹홀리데이 D+59

50만 원(400유로)으로 시작하는 무계획 유럽 여행 D+2
In Netherlands

첫 카우치서핑의 잠자리가 좋았는지 오전 11시까지 잠을 잤다. 최근 이렇게 잘 잔 적은 처음인 것 같다. 간단히 점심을 먹고 Javelin과 네덜란드 동네 마켓에 갔다.

지역마다 조금씩 다른데 우리 동네(Driebergen-Zeist)는 매주 수요일에 열린다고 한다. 관광객으로 왔으면 경험해 보지 못했을 네덜란드 마켓 체험은 생각보다 재밌었다. 마켓은 보통 아침 9시부터 오후 4시까지 한다고 한다. 거리에는 푸드 트럭이 빽빽하게 있었다. 내가 생각했던 마켓은 가판이 있고 물건을 진열해 놓을 것이라 생각했는데 생선, 고기, 꽃, 치즈, 과자와 초콜릿 등 종류별로 푸드 트럭이 있었다. 즐비하게 늘어진 푸드 트럭을 구경하던 중 한국에서 온 청년이라고 Javelin은 사람들에게 소개해 주었다. 사람들은 '네덜란드 실제로 와 보니 어때?'라며 물어봤고, 맛보라며 치즈를 잘라서 주기도 생선을 주기도 했다. 마치 한국의 시장터처럼 사람들의 정이 느껴졌다. 거스 히딩크의 나라라서 처음부터 친근하게 생각했는데 그 이상으로 네덜란드 사람들은 유난히 친절한 것 같다. 솔직히 말하면 유럽권 국가 중 친절하다고 알려진 아일랜드 사람들보다 더 친절하다는 생각을 했다.

그리고 저녁 재료로 쌀, 파프리카, 버섯, 대파, 마늘을 사서 집으로 돌아왔다. Javelin은 나에게 요리 잘하냐고 물어봤고 칼질만 조금 한다고 했다. 나의 칼질과 Javelin의 요리로 만들어진 Javelin 표 중국식 건강 음식. 칼질하는 내 모습은 마치 홈스테이를 하는 것 같았고 Javelin의 아들, 여자 친구와 넷이서 둘러앉아 먹는 저녁은 가족의 일원이 된 것 같았다.

짧았지만 벌써 오늘이 이곳에서의 마지막 날이다. 조금이라도 고마움을 표시하고 싶어서 내가 가져온 카메라로 사진을 남겨줬다. 이곳에 있으면서 Javelin의 아들과 여자 친구는 사랑스러운 커플이라고 생각했었다. 그래서 조명까지 켜서 최선을 다해 찍었다. 앞으로 이곳에서의 이틀은 잊지 못할 것 같다. Javelin, Ami, Ami girlfriend 그리고 앵무새 유지. 너무 좋았던 인연이다.

이제 내일이면 네덜란드의 다른 지역으로 간다. 두 번째 호스트를 만날 생각에 설렘 반과 기대감이 있으면서도 이곳에서 발길을 돌릴 생각을 하니 아쉽기만 하다.

네덜란드의 남녀 혼탕 사우나

아일랜드 워킹홀리데이 D+60

50만 원(400유로)으로 시작하는 무계획 유럽 여행 D+3
In Netherlands

    2시간을 조금 넘게 걸었고 드디어 Amersfoort 표지판이 보였다. 네덜란드에서 중세 분위기가 나는 소박하고 예쁜 도시라는 것을 사전 조사하고 왔기에 기대가 됐다. 걷다 보니 마을에 들어섰고 집이 대체로 삼각형과 넓은 육각형 모양의 빨간 지붕에 동화 속에 나올듯한 아기자기한 모습이었다.

    드디어 도착한 호스트의 집. 사실 말이 15km지 실제로 걸어 보니 오전 9시 30분에 출발해서 도착한 시간은 오후 1시 30분이었다. 사진 몇 장만 가지고 아파트를 찾았고 저 멀리서 전기자전거를 타고 손을 흔드는 Pieter와의 첫 만남은 시작됐다. 큰 키에 사진보다 실물이 더 잘생겼다. 우리는 집으로 들어갔고 알고 보니 Pieter는 왼팔을 사용하지 못하는 상태였다. 정확한 이유는 모르겠지만 뭔가 몸에 문제가 있는 것 같았다.

Pieter와 잠시 이야기를 하는 도중 내게 '네덜란드 사우나 가 봤냐'며 물어봤다. 나는 가 본 적 없다고 말하며 '아일랜드에는 사우나가 없는데 네덜란드에는 있냐'며 물어보니 있다고 했다. 사실 오랜만에 한국에서 못 갔던 사우나가 그리웠다. Pieter는 '가 볼래?'라고 했고 마침 이른 오후라 주변 관광하기엔 어려운 시간이었고 곧장 밖으로 나갔다. Pieter는 자신의 자전거는 3대라며 내게 자전거 한 대를 흔쾌히 빌려줬다.

자전거로 약 45분 거리지만 네덜란드에서 자전거를 타고 이동하는 것은 흔한 일이라고 한다. 이런저런 대화를 하며 가는 길 Pieter에게 물어봤다.

"혹시 궁금한 게 있는데 민감한 질문이야. 괜찮아?"

"물론이지. 뭔데?"

"왼팔을 사용하지 못하게 된 이유가 뭐야? 사고를 당한 거야?"

Pieter는 2006년 뇌졸중이 걸렸고 그때부터 왼팔을 사용하지 못했다고 한다. 차라리 불의의 사고라면 모르겠는데 이유도 모른 채 뇌졸중에 걸렸다고 하니 안쓰럽기만 했다. 몸이 불편한 Pieter는 카우치서핑 호스트를 하고 있었고 많은 여행자를 받았다고 한다. 오늘 여기까지 오는 길 사색에 잠기며 걱정을 하던 내가 부끄러워졌다. Pieter를 보니 대단하다는 생각을 하면서도 나는 정말 행복한 사람이라는 생각을 했다.

곧 사우나에 도착했고 탈의실로 들어갔다. 여기서 'Culture Shock'는 시작된다. 남녀가 같은 탈의실을 쓰고 같은 사우나를 사용한다는 것. Pieter는 네덜란드 사우나는 모든 곳이 남녀가 같이 사우나에 들어간다고 말했다. 너무 당황스러웠다. 이곳은 온통 백인뿐인 남녀가 있는 곳이다. 그리고 유일하게 검은색 머리인 키 작은 동양인 남자애가 있다. 그런데 나보고 알몸으로 들어가라고? 심지어 팬티까지 벗고 들어가는 거라고 했다.

들어가자마자 백인의 예쁜 여자가 알몸으로 활보하고 있었다. 눈을 어디에다 둬야 할지 몰라 나도 모르게 다른 곳을 응시했다. 양손은 수건을 꽉 쥔 채 최대한 중요 부위를 가렸다. 샤워할 때엔 어쩔 수 없이 수건을 풀었고 반대편에서 백인 여자가 알몸으로 샤워하고 있었다. 사우나에 들어갔는데 또 한 번 놀랐다. 금발의 백인 여자가 요염한 자세로 누워서 사우나를 하는 것. 옆에 있는 남자 친구도 마찬가지였다.

알고 보니 네덜란드 사람들은 이곳에서 이성 간의 예의를 배운다고 한다. 성에 대한 올바른 지식이 필요하듯 남녀 육체에 대한 올바른 지식이 필요하다는 것. 이성 간의 육체에 대한 부족한 지식은 호기심을 유발하고 결국은 성범죄를 일으키는 주요 원인이 된다는 것이다. 네덜란드 사람들은 사우나를 하면서 자식들에게 성교육을 시키고 이성 간 예의를 교육한다고 한다.

사실 타월은 가리는 용도가 아니라 땀이 나니 바닥에 깔고 눕는 데 사용한다. 또 사람을 뚫어지게 주시하면 혐오감을 주기 때문에 조심해야 한다고 한다.

문득, 궁금한 게 생겼다.

"Pieter 그럼 네덜란드 사람들은 남녀가 서로 친구인데도 같이 사우나에 와?"
"모든 사람은 아니지만 그러기도 해. 남녀 커플끼리도 오고 커플, 커플끼리도 같이 오기도 해. 가족끼리 오는 건 기본이고."
"말도 안 돼…. 친구의 여자 친구도 같이 이곳에 알몸으로 온다고? 내 여자 친구의 알몸을 누군가가 본다고 생각하면 화가 날 것 같은데 그게 문화라니 정말 Culture Shock다."

정말 사우나에서 보이는 사람들은 남녀노소 나이 불문 모두 알몸으로 활보하고 다녔다. 가끔 수건을 두르는 사람들도 있었지만, 딱히 가리는 용도보다는 가지고 다니기 위한 것 같았다. 그리고 우리는 밖으로 나가서 야외에 있는 뜨거운 탕에 들어갔다. 하늘은 어두워서 별이 안 보였지만 주변엔 나무가 있었고 네덜란드에서 노천 온천을 하니 지상 낙원이었다. 네덜란드에서 사우나는 평생 잊을 수 없을 것 같다.

이제 내일이면 블라블라카를 이용하여 네덜란드의 수도 암스테르담에 간다. 지금은 새벽 4시 30분. 아침 6시에 일어나려면 밤을 새워야겠다….

암스테르담

아일랜드 워킹홀리데이 D+61

50만 원(400유로)으로 시작하는 무계획 유럽 여행 D+4
In Netherlands

아침 7시 30분 Amersfoort에서 출발 예정인 블라블라카를 놓치고 말았다. 새벽 4시 30에 잤더니 눈을 뜨니 오전 11시였다. 어쩔 수 없이 곧바로 역으로 향해 암스테르담의 예약한 숙소에 도착하니 오후 3시였다.

암스테르담은 네덜란드의 수도라서 그런지 3일간 지냈던 네덜란드의 모습과는 사뭇 달랐다. 시의 중심은 여러 개의 운하로 둘러싸인 부채꼴 도시로 건물과 어우러진 운하의 모습들이 장관을 이루었다. 사람보다 자전거가 우선인 네덜란드는 자전거 도로가 따로 있다. 주변엔 자전거를 타는 이들

과 파란색 트램이 지나가고 하이네켄의 본고장이라 할 만큼 가게들이 많았다. 걸어가다 놀랬던 건 웬 도로 한복판에 말을 타고 순찰하고 있는 경찰과 특히 밤에 보는 야경은 인상적이었다.

   오늘은 숙소에서 열심히 카우치서핑과 블라블라카 예약을 했다. 무계획 여행이다 보니 당일에 계획할 기본적인 것들이 골치 아프다. 내일은 네덜란드의 풍차 마을 잔세스칸스에 갔다가 블라블라카를 이용하여 로테르담에 카우치서핑을 하러 갈 계획이다.

네덜란드 풍차 마을 잔세스칸스&로테르담

아일랜드 워킹홀리데이 D+62

50만 원(400유로)으로 시작하는 무계획 유럽 여행 D+5
In Netherlands

사실 암스테르담에 온 가장 큰 이유는 잔세스칸스에 가기 위해서다. 어렸을 적부터 네덜란드 하면 떠오르는 것이 '풍차'였다. 잔세스칸스는 네덜란드의 전형적인 풍경을 간직한 곳으로, 네덜란드의 명물인 풍차와 양의 방목으로 유명하다.

역에서 티켓을 사고 잔세스칸에 도착했고 걸어서 10분 정도 가니 저 멀리 풍차가 보였다. 정말 그림책이나 사진에서만 보던 풍차가 바람의 힘으로 돌아가고 있었다.

곧바로 사람들에게 부탁해 사진을 남기고 싶었다. 지나가는 사람에게 'Can you take a picture?'라고 외치며 풍차가 잘 보이게 사진을 찍었다. 마을 안으로 들어서니 알록달록한 색감을 가진 지붕의 목조 가옥과 크고

작은 풍차들이 동화 속의 마을을 연상시켰다. 혼자 보기 아까운 풍경들이 눈앞에 펼쳐지고 있었다.

이후, 암스테르담 역에 도착하여 블라블라카를 타기 위해 가는 길만 6km였다. 돈을 아끼려니 걷는 일이 잦지만 이 정도 거리면 엊그제 걸었던 15km에 비해 거뜬하다.

이번이 첫 블라블라카 이용이기에 WIFI도 안 돼서 오로지 'MAPS ME' 앱을 이용했지만 나름 괜찮았다. 약속 시간보다 20분 일찍 왔고 멀리서 일전에 캡쳐해 논 사진과 일치하는 흑인 운전자가 왔다. 'Nice to meet you'를 외치며 간단한 인사 후 내 뒤에 또 한 명의 사람이 왔다. 알고 보니 동승자가 한 명 더 있었다. 그렇게 자연스레 우리는 영어로 대화했고 블라블라카를 처음 이용하는 거라 걱정을 많이 했다고 하니 안심하라며 몇 마디 대화를 주고받았다.

온종일 걷고 이동하느라 피곤하기도 했고 긴장이 풀렸는지 뒷좌석에 앉은 나는 끔뻑끔뻑 졸다 잠이 들었다. 오후 5시 30분이 조금 넘어서 로테르담 역에 도착했고 카우치서핑 장소까지 또 가야 하는 숙제가 남았다. 이동에 이동은 괜찮지만, WIFI가 안 되니 정말 화난다. 여행은 역시 돈을 아끼는 만큼 몸이 고생해야 한다.

세 번째 호스트는 'Amigo(스페인어로 친구)'를 외치며 큰 리액션으로 반갑게 나를 맞이해 준 덕에 좋았다. 오늘은 크리스마스이브여서 호스트가 일전에 가자고 권유했던 교회에 갔다. 많은 이동 탓에 솔직히 피곤했지만, 열심히 예배를 드렸고 호스트의 집에서 네덜란드 맥주와 빵, 피자를 먹었다. 오늘 만난 호스트와도 좋은 만남인 것 같다.

네덜란드 델프트

아일랜드 워킹홀리데이 D+63

50만 원(400유로)으로 시작하는 무계획 유럽 여행 D+6
In Netherlands

아침 일찍 일어나 호스트가 준비해 준 브런치와 커피를 마시며 든든하게 배를 채웠다. 네덜란드 사람들은 아침엔 보통 토스트, 빵, 치즈와 곁들여 커피를 마시고 점심에도 빵, 그리고 저녁엔 고기 또는 다른 음식들을 먹는다고 한다.

오늘은 호스트가 주변 관광을 시켜 주기로 했다. 날씨가 좋지 않기도 하고 크리스마스 당일이라 어디를 가도 문이 닫혔다는 말에 소도시 델프트에 가기로 했다. 인터넷으로 검색해 보니 유명한 화가 '베르메르'가 살았던 도시이며 그의 작품을 영화로 만든 '진주 귀걸이를 한 소녀'의 배경지가 된 곳이라고 한다. 델프트 공과 대학은 네덜란드에서 가장 크고 오래된 공립 대학으로 여러 노벨상 수상자들을 키워낸 곳이라고도 한다. 특히 이곳의 도서관은 독특한 건축 양식으로 죽기 전에 꼭 봐야 하는 건축 양식이라고 한다. 세계적으로 유명한 델프트 도자기는 섬세한 붓 터치를 이용한 푸른색 문양이라고 한다. 그래서 델프트 자기에는 모두 장인의 이니셜과 제조 일자 코드가 새겨져 있다고 한다. 이처럼 델프트는 유서 깊고 의미 있는 도시라는 것을 알게 되었다.

 네덜란드는 대표 음식이 치즈인 만큼 치즈 가게가 주변에 많은데 밝은 노란색의 납작한 바퀴 모양인 치즈가 있었다. 모양이 독특하여 궁금했는데 이 치즈는 하우다 치즈라고 한다. 가장 오랜 역사를 가진 것으로, 네덜란드 치즈 생산량의 60%를 차지하며 매우 부드럽고 달콤한 맛이 특징이라고 한다.

축구로 유명한 네덜란드는 우리나라에서도 유명한 거스 히딩크 감독의 고향이다. 알고 보니 전 세계에서 최장신 국가라고 한다. 그래서 축구뿐 아니라 스케이트도 유명하다고 한다. 스케이트가 유명한 또 다른 이유로는 지리적인 이점도 있다. 네덜란드의 국토는 25%가량이 바다보다 낮아서 인공 제방과 수로가 발달했는데, 1, 2월이 되면 수로가 모두 꽁꽁 얼어서 빙판이 되는 경우가 많다고 한다. 누구나 쉽게 스케이트를 탈 수 있는 환경이 조성되는 것이다. 그래서 네덜란드가 세계적으로 스케이트가 유명한 것이다.

델프트 관광을 마치고 호스트는 크리스마스 파티를 하기 위해 딸의 집에 가야 한다고 한다. 집에서 혼자만의 시간을 갖게 됐다. 간단히 장을 봐 온 핫도그, 햄버거, 맥주로 저녁을 먹고 오랜만에 여행 중 제대로 된 휴식을 취했다. 호스트에게 항상 고마운 것은 내게 'My Korea Friend, Amigo'를 외치며 챙겨 주는 것. 몇 시간 뒤 집에 돌아온 호스트와 나는 간단히 맥주를 마시며 2016년의 크리스마스를 보냈다.

네덜란드 헤이그

아일랜드 워킹홀리데이 D+64

50만 원(400유로)으로 시작하는 무계획 유럽 여행 D+7
In Netherlands

어쩌다 보니 3일째 여기 있게 됐다. 오늘은 오후 1시쯤 호스트의 차를 타고 네덜란드 헤이그에 갔다. 네덜란드의 정식 수도는 암스테르담이지만 정부 기관이 있는 실질적인 수도는 헤이그다.

헤이그는 암스테르담과 다른 현대적인 느낌이 컸다. 고층 건물들이 많았으며 행정 수도라는 느낌이 강하게 들었다. 지하에도 터널을 뚫어 트램이 지나다니게 했는데 헤이그 안에서 어디든 갈 수 있다고 한다. 호스트는 네덜란드 음식을 소개해 주겠다며 올리볼렌을 먹으러 갔다. 올리볼렌

(oliebollen)은 밀가루 반죽에 말린 과일을 넣어 옅은 갈색으로 튀긴 작은 공 모양의 달달한 도넛으로 네덜란드 음식인데 한국의 꽈배기와 비슷한 맛이 난다.

다음으로 비넨호프에 갔는데 이곳이 바로 만국 평화 회의가 열렸던 곳이라고 한다. 유럽풍의 건물은 아름다웠지만 역사적인 사건을 알고 가니 마음이 편치는 않았다.

근처에 바다가 있다는 호스트의 말에 다음 목적지로 이동했다. 헤이그의 아름다운 해변 스헤베닝겐 피어에 도착하니 넓은 백사장에 드넓은 바다가 보였다. 답답한 마음이 뻥 뚫렸지만 바람이 너무 세차서 모자를 둘러쓰고 꽁꽁 싸맸다.

해변에는 커다란 건물이 있는데 안에는 레스토랑이 있고 투명한 유리로 돼 있어서 안에서 밖을 바라볼 수도 있다. 특히 바다 한가운데에 대관람차가 있는 것을 보고 놀랐다. 여름에는 전망이 끝내줄 것 같다.

　집으로 돌아와서 내일 벨기에에 갈 블라블라카를 예약하려 했는데 문제가 생겼다. 예약할 블라블라카는 로테르담에서 출발하는 오전 6, 7시뿐이었다. 이곳에서 로테르담 역까지 가는 대중교통은 새벽 5시에 없다고 한다. 결국, 걸어서 갈 생각을 했다. 호스트는 내게 정말 그럴 생각이냐며 자기가 아침 일찍 일어나서 차로 데려다준다고 한다. 그럴 필요 없다고 하니 너는 나의 특별한 한국인 친구라며 사양하지 말란다. 여행 가이드도 시켜주고 아침, 저녁을 꼬박꼬박 챙겨 주며 술까지 주는데 이렇게 잘해 주니 눈물이 날 뻔했다. 그리고 오늘의 저녁은 네덜란드 전통 음식이라고 하는 고기, 치즈, 감자, 양파, 버터를 볶아서 오븐에 구운 음식과 디저트를 먹었다.

　내가 만난 세 번째 호스트는 60대 할아버지인데 초등학교 교사라고 한다. 지금은 방학이라 집에 있고 1월 6일부터 다시 학교에 간다고 한다. 스페인어, 독일어, 영어, 네덜란드어 4개 국어를 하는데 집에서는 보통 영화를 보거나 책을 읽는다고 한다. 그동안 이곳에 있었던 카우치서퍼의 레퍼런스를 보면 좋아할 만한 이유가 있는 배려심이 깊고 젠틀한 할아버지다. 다음에 네덜란드에 오면 언제든지 자러 오란다. 아마 내 평생 잊을 수 없는 호스트가 될 것 같다.

벨기에 브뤼셀

아일랜드 워킹홀리데이 D+65

50만 원(400유로)으로 시작하는 무계획 유럽 여행 D+8
In Belgium

오늘은 새벽 5시에 일어나 호스트가 로테르담 역까지 데려다줬다. 작별 인사를 하고 블라블라카 약속 장소에 갔다. 저 멀리 캐리어를 끌고 있는 여자 1명이 있었다. 왠지 동행자인 것 같아서 물어보니 콜롬비아에서 왔다며 자기는 프랑스까지 가는데 브뤼셀을 거쳐서 간다고 한다.

나는 조수석에 앉았고 몇 마디 주고받다 어느새 1시간 30분 만에 브뤼셀에 도착했다. 브뤼셀에서는 카우치서핑을 못 구해서 호스텔을 예약했는데 목적지를 검색하니 7km가 나왔다. 새벽 공기를 마시며 돌아보는 벨기에의 거리는 조용했다. 벨기에라고 다를 줄 알았지만, 유럽의 건물은 비슷한 것 같다. 걷다 보니 벨기에의 시가지가 나왔다. 건물은 높았고 도로는 온통 차들도 빽빽했다. 좁은 골목길에 양쪽으로 차가 주차돼 있는 것을 보니 마치 한국을 보는 것 같았다. 그래도 유럽이다 보니 이조차도 아름다워 보였다.

벨기에에서 가장 유명하다는 브뤼셀의 상징 그랑플라스 광장에 갔다. '큰 광장(Grand Place)'이란 뜻의 그랑플라스는 소설가 빅토르 위고가 '세계에서 가장 아름다운 광장'이라고 극찬했던 곳이라고 한다. 1998년에 유네스코 세계 문화유산으로 지정되었는데, 광장을 내려다보고 있는 시청사는 15세기 건축물로 96m나 되는 고딕 양식의 높은 첨탑이 인상적이다. 탑에는 브뤼셀의 수호성인 천사 미카엘의 상이 있다.

이제 유럽의 건물들을 봐도 큰 감흥이 없었지만, 이곳을 보니 왜 극찬을 하는지 좀 알 것 같았다. 사방을 둘러봐도 빛을 발하는 아름다운 건물 속에

빠져버릴 것 같았다. 기념사진을 남기고서야 벨기에의 명물 와플을 먹으러 갔다. 초콜릿 와플을 먹었는데 생각보다 그저 그랬다.

숙소에 돌아와서 체크인하고 피곤해서 잠시 잠을 청하려는데 투숙객 한 명이 들어왔다. 'Where are you from'과 간단한 인사는 이제 자동으로 나온다. 베트남 사람인데 현재 일본에서 취업 비자를 받고 일하고 있다고 한다. 그리고 지금은 유럽으로 여행을 왔다고 한다. 이미 프랑스에 있다가 벨기에에 왔고 다음으로 네덜란드, 이탈리아, 스페인을 끝으로 일본으로 돌아간다고 했다. 나랑 반대 경로로 여행 중이라 더 신기했다. 우리는 '일본'에서 살았다는 이유로 오늘 저녁 맥주를 먹기로 했다. 가는 길, 밤에 보는 그랑플라스 광장의 야경이 예쁘다는 것을 듣고 실제로 보니 낮과 밤의 모습은 확연히 달랐다. 특히 정시에 시작하는 빛 축제(일루미네이션)는 환상적이었다. 노래와 함께 색이 바뀌는 그랑플라스는 아마 잊을 수 없는 기억이 될 것 같다.

그리고 세계에서 가장 많은 맥주를 파는 가게(Delirium)에 갔다.

벨기에 브뤼헤

아일랜드 워킹홀리데이 D+66

50만 원(400유로)으로 시작하는 무계획 유럽 여행 D+9
In Belgium

오늘은 베트남 친구와 같이 벨기에의 베니스 브뤼헤에 가기로 했다. 브뤼헤는 벨기에에 온다면 꼭 가는 관광 도시라고 한다. 기차를 타고 1시간 정도 달렸을까 도착한 브뤼헤. 이미 많은 사람으로 가득했는데 돌아다니며 느낀 브뤼헤는 안개가 끼지 않았다면 훨씬 예뻤을 것 같다는 생각을 했다.

브뤼헤의 마르크트 광장은 브뤼셀의 그랑플라스 광장과는 또 다른 느낌의 매력이 있는 것 같다.

　오후 5시까지 호스트를 만나러 가야 해서 베트남 친구와 역에서 헤어졌다. 내가 만난 호스트의 첫인상은 민머리에 안경 쓴 할아버지였다. 비싸 보이는 차를 타고 호스트의 집에 도착하자마자 집 구경을 시켜 줬다. 집은 1층에 거실과 부엌. 문을 열면 복도로 연결되는 통로가 있는데 2층에는 2개의 방이 있고 내 방을 보여 주는 순간 영화 속의 방을 보는 듯했다. 이곳에서 자게 되다니. 가끔 커플도 카우치서퍼로 받는다고 한다. 거실에는 곳곳에 아프리카풍의 액세서리가 많았고 내게 향수를 보여주며 자기는 향수를 사재기하면서 부업으로 일한다고 한다. 본업은 안전 요원이라고 한다.

　벨기에에 왔으면 맥주를 먹어 봐야 한다며 벨기에 맥주를 줬다. 도수가 센 브뤼흐스조트두블 맥주를 먹으니 기분이 좋았다. 저녁은 구운 통닭과 벨기에 감자튀김을 먹었다. 그리곤 북한에 대해서 어떻게 생각하느냐고 물어봤다. 카우치를 하면서 첫 번째 호스트 빼고 모두 북한에 대해서 물어봤었다. 어디를 가든 북한에 대한 이야기가 빠지지 않는다.

　나도 벨기에의 궁금한 점에 대해서 물어봤다. 벨기에 사람들은 대부분 가톨릭교라고 한다. 그리고 사이클링과 축구가 유명한 나라라고 한다. 맥주가 유명한 나라라고만 알고 있었지 사이클링이 유명한지는 몰랐다.

　호스트는 겉모습보다는 속이 아름다운 사람이 되어야 한다며 아무리 겉으로 봤을 때 잘생기고 예뻐도 속이 더러우면 빈껍데기일 뿐이라며 좋은 이야기를 해 줬다. 그리고는 자기 집에서 편하게 있으라며 혹시 내일 블라블라카가 없다면 더 있어도 된다며 배려해 줬다. 세상에 이렇게 좋은 사람이 많다는 것을 카우치서핑을 통해 느끼는 중이다.

　내일은 블라블라카를 이용하여 프랑스 파리에 갈 것 같다. 원래 룩셈부르크에 갈 예정이었는데 내일 예약할 블라블라카가 없었다. 그래서 목적지를 급하게 변경했다.

프랑스 파리

아일랜드 워킹홀리데이 D+67

50만 원(400유로)으로 시작하는 무계획 유럽 여행 D+10
In France

아침에 호스트와 간단하게 빵과 치즈를 먹고 브뤼헤 역까지 차로 데려다 줬다. 작별 인사를 하고 오후 1시에 블라블라카를 타고 프랑스 파리에 가는 길. 같이 동승한 파리 친구와 얘기하느라 지루하지 않았다. 이 친구는 현재 영국에서 대학교에 다니며 공부하고 있는데 연말이라 가족들과 시간을 보내기 위해 파리에 간다고 한다. 가족들에게 줄 선물을 차 안에서 수줍게 꺼내며 나보고 한국말로 메시지를 적어 달란다. 얼떨결에 이 친구의 가족들 5명에게 한국말로 새해 인사 메시지를 적어 줬다.

호스텔에 도착하니 이미 어둑해진 저녁이었고 주변을 둘러보기엔 늦은 것 같았다. 그래서 오늘은 아일랜드에 돌아갈 비행기 예약과 이틀간 머물 숙소 예약을 했다. 원래 카우치서핑을 하려고 했는데 이틀 전부터 보낸 호스트들에게 돌아온 메시지는 여행 중이거나 대부분 다른 서퍼들을 받기로 예약이 돼 있다고 한다. 카우치서핑을 하면서 느낀 것은 대도시는 경쟁률이 세다는 것. 그리고 구하기도 만만치 않다. 특히 성수기에는 이들도 바쁘다는 것을 생각해야 한다.

아직은 파리에 왔다는 실감이 나지 않는다. 내일부터 본격적으로 파리 여행을 시작할 생각이다. 'Welcome to Paris!'

아름다운 파리

아일랜드 워킹홀리데이 D+68

50만 원(400유로)으로 시작하는 무계획 유럽 여행 D+11
In France

일찍 일어나 호스텔에서 나오는 아침을 먹고 새로 예약한 호스텔에 가는 길. 거리는 8.3km. 이젠 지하철, 버스보다 여행하면서 걷는 게 더 좋다. 걸으면서 골목길도 가고 가끔 길을 헷갈려 빙 돌다가 괜찮은 곳이 나오기도 한다. 또 걷다 보면 현지인의 일상생활을 가장 잘 엿볼 수 있는 것 같다.

유네스코 세계 유산으로 등재된 아름다운 센 강과 노트르담 대성당이 있었는데, 많은 인파로 발 디딜 틈이 없었다. 입장료가 없다는 얘기를 듣고 뒤늦게 나도 줄을 섰다.

　실제로 커다란 성당에 온 것은 처음인데 이름값대로 규모가 엄청났다. 아름다운 장식품들과 높은 천장. 고딕 양식의 건물과 스테인드글라스의 창문은 실로 눈이 가게 하였다. 어떻게 이런 것들을 만들었는지 옛날 사람들이 대단하다는 생각뿐이었다.

　본격적으로 파리에서 유명한 관광지에 갔다. TV와 인터넷에서만 보던 루브르박물관을 먼저 갔는데, 정문에 들어서자마자 정말로 피라미드 형태의 투명 건물이 있었다. 실제로 내가 이곳에 있다

고 생각하니 믿기지 않았다. 인증 사진을 남기고 박물관에 들어가고 싶었지만 길게 늘어선 줄과 입장료가 있어서 포기했다.

개선문에 가는 길. 1시간쯤 걸었을까 저 멀리 보이는 개선문은 가까이 오는 것 같으면서도 제자리걸음인 것 같았다. 결국, 너무 추워서 개선문은 포기하고 에펠탑으로 갔다.

에펠탑은 사실 지도를 보지 않아도 멀리 보이는 타워만 이정표로 삼아도 도착할 수 있다. 밝게 빛나는 에펠탑을 바라보고 어둑해진 센강을 따라

걷는 길은 황홀했다. 밤에 센강을 보니 왜 사람들이 '파리'는 꼭 가야 한다고 하는지 알 것 같았다. 파리라는 도시는 어디를 봐도 아름다운 건물뿐이고 문화유산의 보물 창고인 것 같다.

에펠탑에 도착했고 우뚝 솟은 타워는 매체로 보던 것과 달리 웅장했다. 에펠탑을 보기 전 타워는 다 거기서 거기라고 생각했었다. 그런데 실제로 보니 정말 아름다웠다. 이제 유럽 여행도 내일이면 마지막이다.

2016년의 마지막, 파리

아일랜드 워킹홀리데이 D+69

50만 원(400유로)으로 시작하는 무계획 유럽 여행 D+12
In France

한인 민박에 도착해 간단히 짐을 풀고 보니 오늘은 2016년 마지막 날이라 오후 5시부터 1월 1일 정오까지 모든 대중교통이 무료라고 한다. 한인 민박에 온 이유는 여행 중 외국인들만 만나고 외국 음식만 먹다 보니 한국 음식과 한국 사람들이 그리웠기도 했고 게스트하우스를 어떻게 운영하는지 궁금했었다.

역시 오랜만에 먹는 한식은 꿀맛이었다. 이모에게 게스트하우스에 대한 궁금한 점들을 물어보고 나서 하나둘 사람들이 들어오기 시작했고 다 같이 에펠탑에서 새해를 맞이하기로 했다. 가는 길 정욱이의 가이드 덕분에 편

하게 갈 수 있었다. 몽마르트르 언덕의 야경과 공짜 곤돌라 탑승은 어쩌다 보니 파리 야경 투어가 됐다.

  각자의 사연과 이야기가 있는 사람들과 만나 나이와 학력보다 소소한 이야기 하나만으로 함께 공유하고 웃을 수 있는 것. 동갑 친구 정욱이는 대학교 3학년에 자퇴를 하고 영국에서 학교에 다니고 있다. 직장 생활을 하는 형과 서울대 다니는 어린 친구 2명. 유럽 일주 중인 동생. 파리에 교환 학생으로 온 친구와 뉴욕에서 요리 공부를 하고 있는 친구, 호주 워홀을 다녀와서 산티아고 순례길을 가기 위해 온 청년. 그렇게 우리는 2016년의 마지막을 파리 에펠탑에서 보냈다.

50만 원(400유로)으로 시작하는 무계획 유럽 여행 정리

(2016.12.20.~2017.1.1) 12박 13일

50만 원으로 시작하는 무계획 유럽 여행 영상

이번 여행을 하면서 느낀 것은 돈은 여행에 있어서 '수단'일 뿐이라는 것이다. 돈이 있는 만큼 풍요로운 여행을 할 수 있을 것이고 없으면 없는 만큼 가난한 여행을 해야 할 것이다. 정말 중요한 것은 내가 비싼 기차를 타든 걸어 다니든 또는 비싼 곳에서 잠을 자든 노숙을 하든 비싼 음식을 먹든 싼 음식을 먹든 가진 돈으로 무엇을 느낄 수 있고 무엇을 할 수 있는가는 본인이 생각하기 나름이라는 것이다.

50만 원으로 천만 원의 값진 경험을 할 수 있을 것이고 10만 원의 경험을 할 수도 있을 것이다. 나 또한 돈으로 환산할 수 없을 소중한 인연들을 만났고 평생에 잊지 못할 추억을 남겼다.

처음으로 유럽 여행을 하면서 영어는 기본도 안 되는 내가 카우치서핑을 하고 외국인 친구들과 여행도 했다. 언어는 분명 중요하다. 하지만 언어보다 더 중요한 것은 도전하려는 마음가짐인 것 같다.

* 총 여행 경비 400유로(약 505,000원)

교통비 - 120.5유로(약 152,000원)/ 비행기 제외

식비 - 156.5유로(약 198,000원)

관광 - 20유로(약 25,000원)

숙박 - 102.57유로(약 130,000원)

* 카우치서핑 4회 - (네덜란드 3회, 벨기에 1회)

블라블라카 이용 3회 (국가 간 이동) 2회 - 네덜란드 암스테르담 ~ 네덜란드 로테르담/ 네덜란드 로테르담~벨기에 브뤼셀/ 벨기에 브루게~프랑스 파리

* 여행 국가(3개국) - 네덜란드, 벨기에, 프랑스
* 여행 도시(10개 도시) - 네덜란드 7개 도시, 벨기에 2개 도시, 프랑스 1개 도시

* 여행 루트

Ireland Dublin 〉 Netherlands Driebergen-Zeist 〉 Netherlands Utrecht 〉 Netherlands Amersfoort 〉 Netherlands Amsterdam 〉 Netheraldns Rotterdam 〉 Netherlands Delft 〉 Netheraldns Hague 〉 Belgium Brussels 〉 Belgium Brugge 〉 France Paris 〉 Ireland Dublin

* 유럽 여행 가계부

Netherlands(12/20) - Dublin~Amsterdam 비행기 36.71유로(편도) + Amsterdam~Driebergen-Zeist 기차 11.70유로 + Driebergen-Zeist~Utrecht Centrral 기차 7유로

Netherlands Driebergen-Zeist(12/21) - 저녁 5유로

Netherlands Amersfoort (12/22) - 사우나 20유로 + 캅살론 7유로

Netherlands Amsterdam (12/23) - Amersfoort~Amsterdam Centraal 기차 9.50유로 + Amsterdam 호스텔 1박

12.57유로 + 저녁 18.25유로 + 칩 6.50유로

Netherlands Amsterdam(12/24) - Amsterdam Centraal~Zaanse Schans Station 기차 7.20유로 + 네덜란드 감자 3.70유로 + Amsterdam ~ Rotterdam 블라블라카 7유로 + Rotterdam~Reizen 지하철 3.50유로

Netheraldns Delft(12/25) - 네덜란드 음식 고로케 3유로 + 저녁 5.60유로

Netheraldns Hague(12/26) - 네덜란드 음식 올리볼렌 2유로

Belgium Brussels(12/27) - Netheraldns Rotterdam~Belgium Brussels 블라블라카 12유로 + 벨기에 호스텔 22유로 + 스시 5유로 + 벨기에 와플 3유로 + Chez Leon(홍합탕/ 감자튀김/ 맥주) 27.80유로 + 벨기에 맥주 호가든(체리/ 오리지날) 5.70유로 + 벨기에 감자튀김 1.20유로 + 맥주/ 과자 2.50유로

Belgium Brugge(12/28) - 햄버거 7.40유로 + Brussels~Brugge 기차 10유로 + 감자튀김/ 맥주 3.50유로

France Paris(12/29) - Brugge~Paris 블라블라카 19유로 + 트렌디 호스텔 19유로 + 프랑스 지하철 티켓 4.35유로 + 기계고장 지하철 티켓 4.35유로 + 케밥 6유로 + 맥주 4유로 + 프랑스~더블린 비행기 95.49유로

France Paris(12/30) - 제이콥스 호스텔 19유로 + Cafe des ARTS 레스토랑 23.40유로

France Paris(12/31) - 대박 한인 민박 1박 30유로 + 팔라펠 6유로 + 핫식스, 샌드위치 3유로 + 맥주 3유로

France Paris (1/1) - 맥도날드 4.95유로 + 지하철 티켓 1.90유로 + 보베 공항버스 17유로 + 에어링크 버스 6유로

CV(curriculum vitae) 이력서

아일랜드 워킹홀리데이 D+73

　여행을 다녀온 후 다시 일자리를 알아보기 위해 CV를 시티센터 주변에서 30군데 돌렸다. 이곳저곳 보이는 가게에 무작정 들어가며 매니저가 있냐고 물어본 뒤 사람 구하냐고 물어보곤 했다. 대부분 돌아오는 대답이 CV를 놓고 가면 연락하겠다는 것과 사람을 고용하지 않는다는 거였다. 그중 몇 군데에선 긍정적인 대답이 돌아왔다. 한 군데에선 내일 바로 일할 수 있냐며 연락 준다고 했고 다른 곳에선 내일 당장 트라이얼(테스트)을 오라는 거였다.

　CV를 돌리면서 느낀 것이 있다. 처음 CV를 돌릴 땐 영어를 못해서 자신감이 없었고 당당하지 못했다. 그래서 가게 직원과 말할 때에도 소극적이었고 가게 앞에서 망설인 적도 많았다. 고급스러운 Bar나 카페 같은 경우는 들어가지도 않았다. 그런데 이들도 내가 자신감이 없어 보이는 걸 안다. 생김새도 동양인일뿐더러 영어 발음도 좋지 않으니 고용할 리가 만무하다.

　내 문제점을 발견하고 이번엔 다른 방법으로 CV를 돌렸고 오늘과 같은 결과가 나왔다. 그리고 내일 괜찮은 분위기의 펍에 트라이얼을 하기로 했다. 많은 사람들이 더블린에 와서 일자리 구하기 힘들어한다. 나 또한 처음엔 뭐가 그렇게 힘드냐며 어떻게든 하면 된다고 생각했다. 그런데 실제로 와 보니 일자리 구하기가 쉽지 않았다. 특히 남자의 경우 영어까지 못한다면 만만치 않다. 그래서 더블린 생활 2개월 차밖에 안 됐지만 내가 아는 선에서 CV 작성과 돌리는 요령을 알려 주려고 한다.

CV 작성법

CV는 보통 흰색 A4용지 한 장에 작성한다. 어떤 사람들은 눈에 띄게 하려고 색종이를 붙이기도 하고 또 스티커를 붙인다고 하는데, 중요한 건 '가독성'과 '지원하고자 하는 분야'다.

1. 경력

보통 남자들이 지원하는 분야는 키친 포터/ 셰프/ 하우스키핑/ 바리스타/ 웨이터. 여자는 바텐더/ 오페어(아이 돌봄)/ 하우스키핑/ 바리스타/ 웨이트리스다. 어떤 분야든 관련된 분야에 지원한다면 당연히 그 분야에 대한 경력 사항만 적는 것. 예를 들어 하우스키핑에 지원하려고 하는데 경력 사항엔 주방에서 일한 경험과 서비스 직종인 웨이터 경험이 있다고 하면 고용주 입장에서는 당연히 +요인이 되지는 않는다. 그래서 CV를 돌리기 전에 분야별로 CV를 인쇄해 놓는다. 숙박업에서 하우스키핑을 원한다면 하우스키핑 전용 CV를 만들어 놓고 키친 포터는 키친 포터 전용 CV를 만들어 놓는다. 그리고 그와 관련된 경력 사항을 최대한 적는다.

2. 과장

경력 사항과 성격을 적을 때 너무 솔직하게 적는 것보다는 조금은 과장해서 적어도 된다. 한국에서 레스토랑 경험이 3개월뿐이라고 해서 그대로 적을 필요는 없다. 2~3개월 더 부풀려서 적어도 된다. 성격도 최대한 좋게 적으면 된다. '성실하고 사교적이다, 책임감이 있다, 매사에 긍정적이다' 등. 어차피 그들도 모른다.

3. 자격증

자격증이 있다면 무조건 적어라. 관련 분야가 있으면 좋겠지만, 관련 분야가 아니더라도 없는 것보단 있는 게 낫다. 어학 자격증이 있다면 더없이 좋다.

사실 안타깝게도 CV는 잘 보지 않는다. 중요한 건 매니저와 만나서 대화하고 인터뷰하는 게 가장 중요하다.

지인의 소개

가장 간단하면서 좋은 것. 외국에 유학 와서 한국인이랑 어울리지 말라고 하는 경우가 많다. 하지만 일자리를 구할 때 한국인의 도움을 받는 경우가 많다. 때로는 같이 사는 룸메이트나 플랫메이트, 학원 친구들에게도 소개를 받을 수 있다. 이것은 '인복'과 '운'에 따라 다르므로 뭐라고 말할 수는 없겠다.

CV 돌리는 요령(온라인)

아일랜드에도 우리나라와 같이 온라인으로 이력서를 제출할 수 있다. 심지어 온라인으로만 이력서를 받는 가게도 있다. 사실 온라인은 시간 대비 효율성은 좋지만, 개인적으로 추천하지 않는다. 왜냐하면, 대부분 돌아오는 대답이 없거나 답변이 늦다. 일자리를 급하게 구하려고 한다면 직접 돌아다니는 게 훨씬 낫다.

CV돌리는 요령(오프라인)

솔직히 CV를 작성하는 것보다 더욱 중요한 것이 CV를 돌릴 때다. CV를 어떻게 돌리고 말하느냐에 따라서 그 자리에서 일을 구할 수도 있기 때문이다.

1. 복장

복장은 말할 것도 없다. CV를 돌리러 가기 전 복장 점검은 기본이다. 정장을 입으라는 게 아니다. 캐주얼 복장이라도 깔끔하게 입으라는 것. 가게에 들어가기 전 복장 점검을 하고 심호흡을 크게 한 번 내쉰 다음 들어가라. 생각 없이 들어가는 거랑 들어가기 전 본인의 상태를 점검하는 것은 다르기 때문.

2. 가리지 말 것.

나도 처음엔 영어도 못 하면서 일자리 구할 때 돈과 시간적 여유가 있다고 이것저것 많이 따졌다. 보기에 꺼려지는 가게 또는 한인 식당은 무조건 지나쳤다. 그리고 가게 앞에 'Staff wanted'라고 안 적혀 있으면 들어가지도 않았고 집에서 거리가 멀면 생각조차 안 했다. 지금은 그런 거 따지지 않는다. '기회'란 본인이 잡지 않으면 얻을 수 없기 때문.

시티 센터에 일자리가 많은 건 사실이다. 하지만 주변을 조금만 벗어나도 골목골목 또는 보이지 않던 곳에 가게들이 많다. 꺼려지는 가게도 들어가 보면 시설 좋고 괜찮은 가게도 많다. 오히려 먼 곳에 사람들이 CV를 내러 잘 오지 않기 때문에 기회가 더 많다. 직업에 귀천은 없다. 하우스키핑이든 오페어든 바리스타든 웨이터든 키친 포터든 본인이 만족하고 일한다면 누가 뭐라 해도 신경 쓸 필요 없다고 생각한다.

3. 타이밍

누구도 바쁜 시간대에 가게에 와서 일자리를 구한다고 하면 반길 사람은 없다. 식당 같은 경우는 점심시간과 저녁 시간이 바쁘니 보통 3시~5시 사이에 방문하길 추천한다. 저녁에는 웬만하면 안 가는 게 낫다. 점심보다 저녁에 바쁜 가게가 대부분이기 때문이다.

4. 태도

가게에 들어갈 때는 일단 자신감을 가져라. 영어에 대한 두려움은 돌리다 보면 별거 아니다. 그리고 최대한 밝게 웃으면서 말해라. 못 알아들을 때엔 알아듣는 척 하지 말고 다시 한번 말해 달라고 해라. 정 못 알아듣는 건 어쩔 수 없다. 하지만 동양인이 못 알아듣는 걸 감수하고 듣기 때문에 이해는 해 준다. 침착하게 내가 할 말을 머릿속에 외워 놓고 돌아오는 대답을 생각해 놓는다.

가게에 들어가자마자 반갑게 인사하는 것. 그리고 쭈뼛쭈뼛하지 말고 당당하게 말해라. 반대로 생각하면 나는 어디든 일자리를 선택할 기회가 많다. 그러니 주눅 들지 말고 매니저가 있냐고 물어봐라. 보통 매니저가 아닌 경우 슈퍼바이저가 있는데 둘 중 아무나 있으면 된다. 매니저가 있냐고 물어볼 때 없다고 한다면 언제 매니저가 있냐고 물어보고 다음에 오겠다고 말해라. 매니저를 만나기 힘들다는 직원의 말이라면 CV를 놓고 가도 된다. 이럴 때 깔끔하게 작성한 CV가 효과를 본다. 여기서 중요한 건 직원과 얘기할 때에도 최대한 밝게 얘기하면서 한마디라도 더 해라. 어느 나라 사람이냐 또는 일한 지 얼마나 됐냐 등 몇 마디 주고받는 것도 내가 여기서 일하게 된다거나 매니저에게 연락 올 수도 있는 +요인이 될 수 있다.

5. 대화

일 구할 때 내가 할 말과 돌아오는 대답은 비슷하다. 일을 구하고 있다고 얘기하면서 어디에 지원하려고 한다. 그럼 돌아오는 대답은 어느 나라 사람이냐, 지금 무슨 비자이고 비자 기간은 언제까지냐, 풀타임을 원하냐, 파트타임을 원하냐, 몇 시부터 몇 시까지 일할 수 있냐, 어디에 살고 있냐, 온 지 얼마나 됐냐 등등 하나의 카테고리 안에서 질문을 하므로 미리 준비한다면 충분히 대답할 수 있는 영어다.

6. 트라이얼

트라이얼까지 하게 됐다면 반은 성공이다. 이제는 정말 나의 본모습을 보여 줘야 한다. 지금까지 CV를 내러 다니느라 고생했던 내게 박수 한번 쳐 주고 시작하자. 보통 트라이얼 당일은 가게에서 입고 오라는 복장을 얘기해 준다. 가게에 있는 경우도 있지만 보통 키친 포터는 검은색 티셔츠에 청바지를 기본으로 하고 오라고 한다. 센스 있게 검은색 모자와 앞치마까지 준비해 간다면 좋다. 일단 일할 때 신경 쓸 것은 모든 사람이 나를 주시하고 있다는 걸 잊어서는 안 된다. 트라이얼 할 때 중요한 것은 매니저보다 가게 사람들의 생각이다. 직원들에게 잘 보여야 일할 가능성이 높기 때문.

그럼 어떻게 잘 보여야 하냐. 단순하다. 일을 잘하는 것도 중요하지만, 인간적인 느낌이 들게 해라. 최대한 밝은 모습으로 웃으면서 친근하게 대하라. 기본적으로 이름과 어느 나라 사람이냐고 물어보는데 너무 긴장한 나머지 딱딱하게 있지 말고 부드럽고 유연하게 말해라. 물론 쉽지는 않다. 하지만 너무 긴장한 모습보다는 자연스러운 모습이 직원들에게는 보기 좋다. 몇 마디 주고받으면서 이름을 알려주면 외우려고 노력해라. 그럼 나를 단순히 일하는 직원으로 보기보단 인간적인 모습으로 봐줄 가능성이 높다.

일단 트라이얼 할 때엔 뻘쭘한 경우가 많다. 내가 아는 게 없으니 하는 걸 지켜보는 경우가 많기 때문. 한번 알려 줄 때 최대한 관찰하면서 봐라. 메모하면서 일하기는 힘들겠지만 가능하다면 사진 찍어도 되냐고 물어보면서 핸드폰으로 사진을 찍어둔다. 키친 포터의 경우 식기의 위치가 가장 기본이 되기 때문. 보통 트라이얼은 1~3시간 하는 경우가 많다. 트라이얼을 마치면 정식으로 일을 나오라고 하거나 연락을 준다고 한다. 심지어 다시 한번 트라이얼을 하러 오라고 하는 경우도 있다. 집에 갈 때도 끝까지 밝게 인사하고 집에 가면 된다.

아일랜드, 세 번째 일자리

아일랜드 워킹홀리데이 D+75

　얼마 전 CV를 내러 간 날 가게 매니저와의 첫 만남은 좋았다. 밝은 인상에 반갑게 맞아주는 것이 왠지 이곳에서는 꼭 일하고 싶었다. 2시간 동안 트라이얼을 한 뒤 매니저는 직원들에게 나에 대해서 물어봤고 모두 내가 괜찮다고 얘기해서 일하고 싶은 마음이 간절했는지 드디어 일을 구했다. 아일랜드에 오고 2개월이 지날 동안 세 번째 일을 구했다. 생활고에 시달리고 있는 지금 다행이라고 생각했다. 이곳에서 일하기에 좋은 점은 한국인이 나뿐이어서 영어만 쓸 수 있는 환경이다. 가게도 더블린에서는 꽤 유명하다고 해서 자부심을 가질 수 있을 것 같다.

　새해부터 일자리를 구했으니 시작이 좋다.

외국인 노동자

아일랜드 워킹홀리데이 D+81

Opium 가게 일하는 영
상 외국인 노동자

외국인 노동자로 살아가는 것.

혹시 워킹홀리데이를 생각하는 사람이 있다면 이것만큼은 알아두고 갔으면 좋겠다. 해외에서 기술로 취업할 생각이 아니라 아르바이트가 목적이라면 워홀에 대한 환상을 품고 오지 않았으면 한다. 왜냐하면 현실은 다르기 때문이다.

나 또한 워킹홀리데이로 일본에 처음 가기 전 환상을 가졌었다. 예를 들면 일본인 친구들과 어울리며 근사한 레스토랑의 홀이나 카페에서 일할 줄 알았기 때문이다. 현실은 그렇지 않았다. 일본어를 또는 영어를 뛰어나게 잘하지 않는다면 일할 수 있는 곳은 정해져 있다. 쉽게 말해 현지인들이 하기 껄끄러운 일들(설거지, 잡일, 노동력이 주가 되는 업무들)이다. 나는 이곳에서 주로 키친 포터(설거지, 주방의 잡일, 청소가 주된 업무)를 지원했다. 키친 포터라는 직업을 무시하는 것은 아니다. 하지만 조금 더 언어가 됐다면 옷 가게나 카페, 술집 등 다양한 분야에 지원할 기회가 많았을 것이다.

흔히들 워킹홀리데이를 경험했던 사람들이나 하고 있는 사람들의 공통된 생각은 언어 공부를 많이 하고 왔으면 한다는 것이다. 이유는 간단하다. 언어를 잘할수록 내가 경험할 수 있는 것이 광범위해지고 얻어 가는 것도 많다. 하지만 언어가 안 되면 제한적인 것이 많을 뿐더러 몸이 고생한다. 나는 일본도 그랬었고 아일랜드도 부딪히면 되겠다는 생각으로 왔다.

역시나 몸으로 고생중이다. 오늘 첫 출근이었지만 노동력이 주가 되는 업무는 쉬운 것이 아니다. 나약한 소리를 하고 있을지 모르겠지만 사실이다. 때문에 언어 공부에 대한 필요성을 절실히 느끼는 중이다.

영국, 런던 1

아일랜드 워킹홀리데이 D+95 (In London 1.25~29)

어렸을 적 신사의 나라이며 해가 지지 않는 나라라고 듣기만 했던 영국. 내겐 먼 나라라고 생각하며 이곳에 올 일이 있을까 생각하던 적이 있었다. 《해리 포터》 소설책을 읽으며 책에 흥미를 갖기 시작했고 영화를 보며 '영국'이라는 나라는 언젠가 가고 싶었다. 돈 많은 사람들만 갈 수 있는 나라라고 생각했던 영국. 내 인생 처음 영국 땅을 밟았다.

아일랜드에서 런던까지 라이언에어를 타고 불과 1시간 30분 만에 왔다. 이지 버스를 타고 킹스트리트 역까지 마중 나온 정욱이 덕분에 낯선 런던에 잘 도착할 수 있었다. 정욱이 집으로 가는 길 해리 포터 영화에서 보던 빨간색 이층 버스가 지나다니고 있었고 굴뚝이 있는 주택가는 하얀색 벽면에 고풍스러웠다.

갑작스럽게 온 런던이기에 설렘은 더 컸다. 아일랜드에 살면서 언젠가 갈 생각이었지만 이렇게 일찍 올 계획은 없었다. 영국에 오게 된 결정적 계기는 이번 주에 아르바이트 스케줄이 통으로 비었기도 했고 프랑스 여행 당시 한인 민박에서 알게 된 동갑 친구 '정욱이' 덕분이다. 외국에서 동갑 친구를 만나는 것은 반가운 일이다. 여행 중 잠시 하루였지만 우린 많은 대화를 했고 누군가는 지나갈 말일 수도 있겠지만 언젠가 내가 영국에 가든 네가 아일랜드에 오든 꼭 보자는 말을 남기고 헤어졌다. 그리고 오늘 1달도 안 돼서 만났다.

정욱이는 런던에서 2년간 어학교를 다니며 영어 공부를 했고 지금은 패션 비즈니스 학과에 재학 중인 학생이다. 한국에서 대학 4학년이 됐을 때 1년을 남기고 자퇴한 후 선택한 런던행. 쉽지 않은 결정이었음에도 본인의 '꿈'을 위해 과감한 결단을 하고 이곳에서 열심히 살아가는 모습에 자극을 받았었다. 어쩌면, 이미 평범하지 않은 길을 선택했을 수 있지만, 우린 젊다는 이유로 서로의 꿈에 대해 이야기했고 어린 시절로 돌아간 듯 김치볶음밥에 숟가락을 얹으며 세월이 빠름을 실감했다.

영국, 런던 2

아일랜드 워킹홀리데이 D+96(in London 1.25~26)

런던을 돌아다니며 느낀 것,

영국 사람들은 정말 친절하다. 길 가다 물으면 성심성의껏 대답해 주는 신사다운 면모가 있다. 길에는 곳곳에 빨간색 공중 전화박스가 있어 걷다 보면 심심하지 않다. 사람들은 지하철에서 휴대폰 대신 신문이나 책을 읽는데, 지하철에서는 인터넷이 터지지 않아서인 것 같다. 커피보다 차를 즐기는 사람들이 많고 자동차보다 사람이 우선인지 빨간불에도 그냥 건넌다. 대부분의 박물관과 미술관은 무료 관람이 가능하고 시내에는 전용 뮤지컬 상영관이 곳곳에 있다. 문화생활을 즐기는 영국인들의 모습을 보여 주는 것 같다.

'블랙캡'이란 런던의 택시, 영국에서는 택시 기사 되기가 쉽지 않다. 택시 기사가 되기 위해서는 '택시 면허 시험'을 거쳐 자격증을 따게 되는데, 과정이 까다롭고 어렵기로 유명하다고 한다. 그래서 런던에서 택시 기사는 존경받는 직업이다. 게다가 런던은 모두 개인택시이므로 스스로 CEO가 될 수 있다.

무적함대 스페인-프랑스 함대와의 전투에서 이긴 기념으로 만든 트라팔가 광장. 거대한 4마리의 사자 동상이 떠받치고 있는 가장 맨 위에 있는 동상이 트라팔가르 해전을 승리로 가져다 준 넬슨 제독이 있다. 이순신 장군과 함께 세계 최고의 해군 제독이라 평가받는 인물이라고 한다.

평상시 박물관과 미술관을 좋아하지 않지만, 광장에 있는 '내셔널 갤러리'는 무료라는 말에 갔다. 레오나르도 다빈치부터 반 고흐까지 유명 작가들의 작품 등 2,000여 점의 소장품이 있다고 한다. 어떻게 이런 그림을 그렸는지 보는 것마다 감탄을 하고 나왔다. 빅벤에 가는 길 횡단보도 건너편에 한국인으로 보이는 남자가 있었다. 생각 없이 지나쳤고 등 뒤에서 나를 불렀다.

"혹시 한국인이세요?"
"네. 맞는데 왜요?"
"페이스북 페이지 운영하고 계시지 않아요?"
"네. 어떻게 아셨어요?"
"카메라 들고 가시길래 왠지 그럴 것 같았어요. 사실 어제도 글 봤는데 매일 보고 있어요."
"아 정말요? 감사합니다. 정말 놀랐네요."

알고 보니 내가 운영하는 '노마드한 청춘의 워홀 일주' 페이스북 페이지 팬이라고 한다. 그냥 지나칠 수도 있을 텐데 얼굴까지 알아봐 주고 먼저 인사를 건네주니 얼떨떨하기도 감사하기도 했다.

'빅벤'은 시계탑에 딸린 큰 '종'에 대한 별칭인데, 사진보다 실제로 보니 웅장하고 예뻤다. 특히 정각마다 울리는 종소리는 인상적이었다. 시계탑의 4면에는 세계에서 가장 큰 자명종 시계가 달려 있는데, 많은 영화에서 런던을 상징하는 장소로 등장하였다고 한다.

빅벤을 뒤로하고 템즈강을 건너면 런던아이가 있다. '런던아이'는 대형 대관람차를 말하는데, 유럽에서 가장 높은 대관람차라고 한다. 밤에 보면 야경이 예뻐서 더욱 유명하다. 워털루 역을 지나 지하 터널을 지나가는데 터널 안에 있는 벽면에 스프레이로 그림을 그리고 있는 2명의 아저씨를 봤다. 업으로 하시는 거냐고 물어보니 병원에서 근무하고 있는 직장인이고 그림을 그리는 것은 취미라고 한다. 터널 안의 벽면은 무수히 많은 그림으로 메워져 있었고 아저씨들이 그린 그림으로 예쁘게 탈바꿈했다. 취미임에도 열정을 가지고 즐기는 모습이 보기 좋았다.

　템즈강에는 한국의 한강처럼 많은 다리가 있는데 그중에서도 밀레니엄 브리지는 보행자만을 위한 유일한 다리이기도 하며 세인트 폴 대성당을 연결해 주는 곳이기도 하다.

　'타워 브리지'는 배가 지나갈 때 다리가 들어 올려지는 도개교라고 한다. 사진으로 담을 수 없을 만큼 아름다워서 왜 런던의 상징인지 알 것 같았다.

세븐시스터즈

아일랜드 워킹홀리데이 D+97(in London 1.27)

아일랜드에는 '모어 절벽'이 있고 영국에는 '세븐시스터즈'가 있다. 런던 근교 여행을 가기로 한 건 세븐시스터즈를 보기 위해서다. 세븐시스터즈는 7개의 언덕이 있다고 해서 붙여진 이름이며 실제로 언덕은 10개 정도가 된다고 한다. 런던에서 세븐시스터까지는 서울에서 강릉까지 간다고 생각하면 된다.

'브라이튼'은 영국의 해안 마을인데 바닷가가 있어서 그런지 런던과는 사뭇 달랐다. 도시적이라기보단 소박한 시골 마을 같았다. 양옆에 있는 건물 사이로 멀리 보이는 바닷가는 흔히 보기 힘든 낭만적인 풍경이었다.

브라이튼 역에서 버스를 타고 다시 세븐시스터즈로 이동 시간만 1시간. 버스에서 내린 후 약 25분을 걸어 들어가서야 세븐시스터즈를 볼 수 있었다.

세븐시스터즈를 본 순간 대자연의 힘이란 엄청나다는 걸 다시 한번 느꼈다. 바다에 의해 침식된 절벽과 흰색의 조화는 그야말로 절경이었다. 자연 앞에 겸손해지며 인간이 얼마나 작은 존재인지. 오랜 기간 침식됐다는 것을 보자마자 느낄 수 있었다. 절벽 위에 올라서니 새들이 날아다니고 넓은 바다가 끝없이 펼쳐졌다. 아무도 없는 절벽 위에서 바닷바람을 맞으며 조금 더 이 시간에 집중하고 싶었다. 코끝이 시리고 손이 시려도 잠시 동안 시간이 멈추었으면 좋을 텐데. 조금 더 대자연을 느끼며 시간을 보내고 싶었지만, 너무 추워서 결국, 발길을 돌렸다.

다시 버스를 타러 정류장에 가는 길. 온종일 워커를 신고 다녀서 발이 아팠다. 그래서 히치하이킹을 시도하기로 했고 15대의 차를 지나치고 16번째에 히치하이킹을 성공했다. 고작 1.3km 거리지만 감사했다.

역에서 기차표를 구매하고 런던에 돌아가는 길. 여행의 출발은 관광지에 대한 기대와 설렘 때문에 피곤하지 않지만, 여행이 끝나고 돌아갈 때는 힘든 것 같다. 그래도 아름다운 자연 경관을 봤으니 괜찮다.

런던, 마지막 날

아일랜드 워킹홀리데이 D+98(in London 1.28)

 그리니치 천문대에 가는 길. 버스에서 고프로를 놓고 내렸다. 내가 잘못한 거라서 누굴 탓할 수도 없다. 건망증이 심해서 언젠가 여행 중 무언가 잃어버릴 것 같았는데, 결국 오늘에서야 고프로를 잃어버렸다. 영국 여행 동안 열심히 영상을 찍었는데 슬프다. 이제는 무언가 잃어버린 것에 대해서 담담하게 생각하려고 한다. 어차피 잃어버린 건 돌아오지 않는다. 그리고 영국에 있는 동안 내가 보고 느낀 것은 돈으로 환산할 수 없는 가치이기 때문에 괜찮다.

 천문대에 도착해서 가장 보고 싶었던 건 본초 자오선. 본초 자오선은 '밤 12시와 낮 12시가 근본적으로 시작되는 선'이란 의미를 지닌다. 세계 시각의 기준이 이곳에서 시작한다는 게 신기하기만 했다. 선을 기준으로 양옆으로 다리를 놓고 인증 사진을 많이 찍기도 하는데 입장료를 내고 들어가야 해서 밖에서 구경만 했다.

　버킹엄 궁전에 있는 대정원의 규모는 어마어마했다. 궁전은 빅토리아 여왕부터 역대 영국의 왕들이 살았던 건물이라 그런지 더 고풍스러워 보였다. 사실 이곳의 하이라이트는 근위병 교대식인데 아쉽게 겨울 시즌엔 격일로 해서 보지 못했다.

　벌써 런던의 마지막 날이 오니 아쉽기만 하다. 세상은 넓고 배울 것은 많다. 내가 있는 아일랜드도 정말 작은 나라라는 것을 런던에 와서 느끼고 간다.

사진과 영상

아일랜드 워킹홀리데이 D+99(in London 1.25~29)

런던 여행 영상

예전에 '물질적인 소유보다 경험적인 소유가 사람을 오랫동안 행복하게 만든다'는 말을 들은 적이 있다. 인생을 살다 보면 지난 날을 돌아보며 회상을 하곤 한다. 슬픈 일, 즐거운 일, 행복 한 일, 화난 일 심지어 잊고 싶은 과거까지.

기억이란 앞으로 살아가는 인생에 원동력이 되기도 한다. 그래서 기억은 정말 중요하다고 생각한다. 그런데 사람은 시간이 흐르면서 무의식적으로 기억이 왜곡되기도 또는 잊혀 가기도 한다. 참으로 슬픈 일이다.

나의 취미는 사진 찍기와 영상이다. 평생을 내 기억 속에 간직할 수 있기 때문이다. 사진과 영상을 전문적으로 하며 돈을 버는 사람보다 그냥 나를 위해 추억으로 남기고 싶다. 가끔은 귀찮기도 하지만 남긴 후에 결과물을 보면 뿌듯하다.

이번에도 영국 여행을 기억 속에 추억으로 남기고 싶어서 영상으로 만들어 봤다. 여행 중 액션캠을 잃어버려서 찍은 영상들은 없어졌지만, 다행히 DSLR로 찍은 영상들이 있었다. 가끔 사진과 영상을 보면 그때 생각이 난다. 아마 앞으로도 계속 여행을 다니며 사진과 영상을 찍을 것 같다.

세 번째 일 잘림

아일랜드 워킹홀리데이 D+101

영국 여행을 다녀온 후 일하는 곳에서 나오지 말라는 얘기를 들었다. 정확히 말하면 다른 가게에서 새로운 직원이 와서 더 이상 내가 필요 없다고 한다.

사실 영국 여행을 가게 된 계기가 잘린 것과 연관이 있다. 우리 가게에서는 매주 일요일 다음 주 스케줄이 나온다. (아일랜드에서는 대부분 가게가 그렇다.) 그런데 2번째 일을 잘렸던 상황처럼 다음 주 스케줄을 아예 받지 못했다.

가게 시스템상 주방이 2개인데 셰프 3~4명, 키친 포터는 1명으로 일을 한다. 셰프는 요리만 하다가 모두 퇴근하고 키친 포터 혼자 남아서 주방 마감을 2시간 이상 하고 집에 간다. 모두가 퇴근하고 혼자 일하기 때문에 정신적으로 힘든 것은 없다. 돈을 버는 것도 중요하지만, 같이 일하는 직원이 1명이라도 있으면 일하는 맛이라도 있을 텐데 혼자 일하다 퇴근하니 영어도 쓰지 못할뿐더러 한국에서 일하는 것만 못한 것 같았다. 그래서 그만두고 싶기도 했었다.

일주일 휴무를 받고 영국행 항공권을 즉흥적으로 끊었다. 잘릴 것 같다는 예감이 정확히 맞아떨어졌다. 여행을 다녀온 후 일요일이 됐을 때 다시 매니저에게 연락했고 잘렸다는 얘기를 들었다. 다시 백수가 됐고 일을 구해야 한다. 일자리 구하는 요령도 알았고 3번이나 잘렸기 때문에 이제 무덤덤하다.

아일랜드의 가게들은 대부분 근로자에게 막 대하는 경우가 많다. 이유는 더블린에 사는 아일랜드인보다 타국에서 온 외국인들이 더 많으므로 일하는 곳은 한정적이고 일할 근로자들은 넘치기 때문이다. 안타깝지만 이게 아일랜드 일자리의 현실이다. 그래서 영어를 정말 잘하고 와서 복지가 좋은 가게나 브랜드 있는 회사에서 일한다면 이런 대우는 받지 않을 것이다.

> Sorry Yong ju I had to bring staff from another restaurant I have no shifts for you at the moment
> Send me all your hours you worked so I can pay you

아일랜드 렌터카 여행

아일랜드 워킹홀리데이 D+106

아일랜드 렌터카 여행

　워킹홀리데이로 그 나라에 살면서 하고 싶은 것 중 한 가지가 국내 여행이다. 내가 언제 이 나라를 지겹도록 여행해 보겠냐는 생각 때문인 것 같다. 그래서 오늘은 당일로 차를 렌트하여 여행을 다녀왔다. 같은 어학교에 다니는 한국인 형, 누나 커플과 멕시코, 브라질, 나까지 5명에서 아일랜드의 남동쪽 지역을 다녀왔다.

　처음 도착지는 'Wicklow'라는 해안 마을. 좁은 골목에 알록달록 집들이 작고 아늑한 도시를 연상케 했다. 해안가에 가니 일요일이라 가족들과 산책하러 나온 사람들로 붐볐다. 아일랜드는 섬나라라 그런지 해안 마을에 가면 느낌이 비슷하다.

다음 목적지는 Glendalough(글랜달록). 2개의 호수를 이루는 골짜기라는 의미를 가진 곳으로 고대 수도원이 있던 마을이다. 안에는 작은 음식점이 있었고 우리가 들어간 곳은 공원 안의 어퍼 호수(Upper lake). 우뚝 선 나무와 멀리 내려다보이는 광활한 호수는 자연의 선물이었다.

원래는 '킬케니'라는 도시까지 가려고 했지만 해가 일찍 지는 탓에 'The R756 road'에 갔다. 일명 '위클로우 갭'이라고 하는 이곳은 산 중턱을 동서로 긴 32km의 도로가 연결돼 있다. 아일랜드의 아스팔트 도로 중 가장 높은 곳이기도 한데, 이름값처럼 하늘에 맞닿을 듯한 높이에 산에 걸터앉은 구름은 초현실적인 장면을 연상시켰다.

다음으로 영화 'P.S 아이러브유'의 배경이었던 기네스 호수가 있는 '위클로우 마운틴스 국립 공원'은 규모가 어마어마해서 렌트해서 다니기에 적합할 정도였다. 물 색깔이 술 '기네스'와 같다고 해서 붙여진 기네스 호수는 이렇게 아름다운 호수는 숨겨 놔야 된다며 마치 신이 꼭꼭 감춰 놓은 듯 산을 넘어서야 볼 수 있었다. 산 위에서 바라본 기네스 호수는 사진으로 담기엔 기술이 따라가지 못하는 풍경이었다. 눈에 저장해 놓고 이따금 꺼내서 보고 싶을 정도였으니.

아일랜드에 살면서 몰랐던 아름답고 장엄한 모습에 감탄사만 연발하고 여행을 마친 것 같다.

유학 생활을 마치고 한국으로 돌아가기 전 아일랜드 국내 여행을 했던 사람들이 하는 말이 있다. '아일랜드는 근교 여행이 최고야.' 그 말의 의미를 오늘 충분히 느꼈다. 한국에 돌아가기 전 차를 렌트해서 마음먹고 아일랜드 일주를 해 봐야겠다.

4번째 일자리 Nando's 레스토랑

아일랜드 워킹홀리데이 D+107

오늘 더블린에 있는 Nando's 레스토랑에서 트라이얼(테스트)을 했다. 이번 트라이얼이 아일랜드에서 4번째다.

Nando's에서 일하고 싶다는 이끌림이 있었다. CV를 내러 갔을 때 매니저가 너무 친절했고 직원들도 모두 상냥했다. 전문적으로 체계화된 시스템의 가게라고 해야 하나? 왠지 나는 이곳에서 일해야만 한다는 갈망이 컸던

것 같다. 월요일 아침 9시 30분까지 트라이얼 오라고 했고 어학교를 포기하고서라도 가야만 했다.

가게에 도착하니 나뿐만 아니라 다른 구직자들도 있었고 대략 9명 정도였다. 사실 이 상황을 보고 놀랐다. 내가 생각한 트라이얼은 가게에 가서 일하는 것. 키친 포터에 지원했기에 주방에서 일할 생각에 긴장한 상태로 갔다. 그런데 테이블에 앉아서 음식을 먹으며 편안한 분위기에 서류를 작성하고 있는 외국인들. 매니저는 내게 저기에 앉아서 인적 사항을 기재하라고 했다. 갑자기 직원이 커피 마시고 싶냐고 물어봤고 자연스레 커피를 마시며 서류를 작성해 갔다.

곧이어 매니저는 우리에게 지금부터 아이스 브레이킹(Ice breaking)을 한다고 했다. 순간 잘못 들은 줄 알았다. '아이스 브레이킹? 내가 아는 아이스 브레이킹은 보통 리더십 교육, 워크숍 같은 데서 모르는 사람들과 한데 어울려 어색한 분위기를 해소하거나 단합력과 협동심을 기르는 훈련인데 이곳에서 아이스 브레이킹을 한다고?' 요즘엔 이러한 개념이 구직 면접으로 확대되면서 면접관과 지원자 사이의 경직된 분위기를 없애기 위해 사용된다지만 너무 뜬금없었다.

갑자기 원을 만들더니 모든 직원과 매니저 그리고 9명의 면접자는 각자 자기소개를 했다. 나를 제외한 외국인들은 영어를 유창하게 하며 자기소개를 시작했다. 순간, 내가 여기서 어필하지 못하면 왠지 일을 못할 것 같은 생각이 들었다. 시계 방향으로 자기소개를 하던 중 내 차례가 왔고 최대한 밝은 모습으로 에버랜드에서 일했던 경험을 살려 손짓과 함께 'Hellow everyone'을 외치고 자기소개를 시작했다.

간단한 인사말로 시작해 "나는 마술을 할 줄 알아. 그리고 사진도 잘 찍어. 일하게 된다면 신기한 마술과 멋있는 사진을 찍어 줄게!"라고 얘기했고 생각보다 사람들의 반응은 좋았다. 유일한 '아시아인'으로서 뿌듯함과 동시에 기가 죽지 않았다는 것만으로 좋았다. '용주야 잘했어.' 내가 자랑스럽고 대견하기까지 했다. 이제 9명이 팀을 나누어 게임을 한단다. 첫 번째 게임은 A4용지의 종이를 접어서 제한된 시간 안에 가장 높게 탑을 쌓는 팀이 승리. 처음에 영어로 설명을 해서 무슨 말인지 못 알아들었지만 눈치껏 친구들이 하는 걸 따라 했다. 매니저와 직원들은 옆에서 어떻게 하는지 우릴 지켜보고 있었고 손에는 펜과 종이로 무언가 적고 있었다. 이건 완전 대기업 면접이다.

팀 안에 똑똑한 친구 덕분에 우리 팀이 승리했고 두 번째 게임은 다시 다른 팀으로 나뉘어 시작했다. 이번 게임은 Nando's 레스토랑의 7가지 키워드로 제한된 시간 동안 참신한 노래를 만드는 게임. 더불어 동작까지 한다면 보너스 점수를 준단다. 팀 안엔 베네수엘라, 아일랜드 친구가 있었고 K-pop 같은 중독성 있는 멜로디는 어떠냐고 제안했다. 다행히 친구들은 내 제안을 좋게 생각했고 멜로디는 크리스마스 캐럴 '펠리스 나비다'로 정했다. 베네수엘라 친구가 만든 가사와 내가 생각한 멜로디와 동작을 결합한 우리 노래는 생각보다 괜찮았다. 제한된 시간이 끝나고 모든 직원과 면접자들 앞에서 노래를 불렀다. 10초 되는 짧은 노래였지만 이 순간만큼은 부끄럼 없이 자신감 있게 노래를 불렀고 내가 봐도 3팀 중 가장 우수했다.

마지막 관문은 매니저, 직원 앞에서 하는 2:1 면접. 매니저는 자리에 앉은 우리를 순서대로 부르기 시작했고 내가 첫 번째로 호명됐다. 면접을 시작하기 전, 매니저는 긴장하지 말라며 분위기를 부드럽게 해 줬다. 아일랜드에 온 이유와 더블린 생활, 지원 동기 등 가벼운 질문으로 시작했다. '네가 일하면서 가게에 어떤 도움을 줄 수 있냐', '키친 포터뿐 아니라 모든 일을 해야 하는데 영어에 자신 있냐'며 기를 죽였지만 꺾이지 않고 당당하게 얘기했다. 어떻게든 외워서 가능하게 만들겠다고. 그리고 가장 의아했던 질문이 '다시 태어난다면 어떤 동물이 되고 싶냐'는 것. 생각지도 못한 질문에 당황했지만 바로 'dog'이라고 대답했다. 이유는 개는 보통 사람들이 좋아하고 친밀함을 갖고 있어 관계 형성에 쉬운 동물이기 때문이다. 나는 가게에서 'dog'와 같은 사람이 되고 싶다고 했다.

조금 더 강하게 나의 존재를 어필하고 싶어서 아침에 학교에 안 가도 되니 풀타임으로 일할 수 있다고 했다. 매니저는 내게 학교는 가야지 영어 공부가 된다며 만약 이곳에서 일하게 된다면 매일 학교에 가겠다고 자기와 약속하라며 손을 내밀었다. 감동했다. 가게 입장에서 매니저가 내게 구직자가 아닌 '사람'으로서 대해 준다는 생각을 하게 해 준 것. 내가 그동안 대우받았던 구직자의 입장에서 이 상황은 사실 충격적이었다. 면접 도중 발음도 계속 꼬이고 상대방의 말을 잘 듣지 못해 몇 번이고 반복하게 만들었지만 자기의 발음이 이상하다며 나를 배려하며 천천히 얘기해 줬고 옆에 있는 직원도 내 마음을 이해한다며 긴장하지 말라고 배려해 줬다. 정말 이런 면접은 생애 처음이다.

사실 속으로 무슨 이런 가게에서 면접을 거창하게 하지? 생각했는데 알고 보니 전 세계에서 이름 있는 프랜차이즈 음식점이었고 엄청나게 큰 회사였다. 지금까지 세 번의 관문을 겪으면서 그냥 면접에서 떨어져도 이렇게 좋은 가게에서 값진 경험을 했던 것으로 만족하려고 했다. 면접을 마치고 내일까지 결과를 알려 준다는 말을 듣고 집으로 힘없이 돌아왔다. 경쟁자는 아일랜드인을 포함한 영어를 잘하는 8명의 유럽인이 있었기에 별 기대를 안 하고 있었다. 그러던 중 갑자기 전화벨이 울렸고 면접 보고 2시간도 안 지나서 이번 주 일요일부터 일을 시작하란다.

 울고 싶었다.
 그냥 지금.
 눈물이 나올 정도로 기쁨과
 그동안의 서러움이 물밀듯 몰려왔다.
 그래. 아직 하늘은 내 편인가 보다.

또 한 번의 이사, 새로운 집

아일랜드 워킹홀리데이 D+113

　오늘 새로운 집으로 이사했다. 2달간 더블린 1의 시티 센터에서 살다가 외곽 지역의 더블린 6으로 이사 왔다. 노마드한 삶. 이미 그런 삶을 택한 나로서 이동하는 것이 대수롭지 않다. 더블린에 온 지 4개월 차에 네 번째 집이니 한 달에 한 집에서 산 꼴이 돼 버렸지만, 이 또한 나쁘지 않은 것 같다. 이곳저곳에서 살아 보는 게 내가 바라던 거였고 더블린을 제대로 느끼는 중이다.

　이사를 하고 싶었던 가장 큰 이유는 전에 살던 친구들과는 영어로 대화할 일이 별로 없었다. 모두 일을 하므로 바쁜 것도 있었지만 서로 같은 나라말을 쓰는 남미 쪽 친구들이었다. 그래서 영어를 더 쓸 수 있는 환경으로 이사하고 싶었고 시티에 있으면서 시끄럽기만 하지 지리적 장점을 제외하

곧 좋지 않았다.

　무엇보다 이 집에서는 친구들을 불러 홈 파티를 해도 된다고 한다. 모르는 사람들이 모여 친해지고 좋은 시간을 보내는 것. 사람과 사람 사이의 관계에 있어서 매개체 역할을 할 수 있는 장소를 만들고 싶기 때문에 게스트하우스를 운영하고 싶은 건데, 이 또한 가능해졌다.

　앞으로 이 집에서 얼마나 살지 모르겠지만 새로운 일과 새로운 집에서 다시 더블린 생활을 시작해 보려 한다.

트라이얼 실패

아일랜드 워킹홀리데이 D+115

어제 nandos에서 트라이얼을 했고 매니저로부터 트라이얼에서 떨어졌다는 얘기를 오늘 들었다. 알고 보니 지난번 아이스 브레이킹을 했던 면접은 인성 면접이었고 어제는 직원으로 채용하기 전 실전 면접인 마지막 관문이었던 것. 어제부터 정식으로 일하는 줄 착각했었다. 4시간 동안 일한 후 나름 만족했고 잘했다고 생각했는데 '도대체 뭐가 문제일까?' 한참을 생각했다. 딱히 실수한 것도 일을 못한 것도 아니었다. 오히려 직원들과 이야기하면서 즐겁게 일했다. 완벽하게 영어를 알아듣지는 못했지만 일하는 데 지장은 없었다.

사실 트라이얼 전날 악몽을 꿨다. 일을 잘리는 꿈을 꿔서 왠지 찜찜했는데 신기하게도 맞아떨어졌다. 이제는 분하고 억울한 것보다는 무기력하다. 더는 힘이 나지 않는다. 제대로 된 일을 구했다고 생각했고 열심히 해보자 생각했건만 모든 게 무너져 내렸다. '유학생들 중 나만 이런 걸까? 일부러 이런 시련을 주는 이유는 뭘까? 혹여, 일하지 말고 영어 공부에 집중하라는 뜻일까? 정말 모르겠다.' 여기서 꺾이지 않을 나라는 걸 알지만, 신이 고난을 준다면 너무한 것 같다.

누가 이기나 한번 해보자, 아일랜드야!

단기 아르바이트

아일랜드 워킹홀리데이 D+117~120

수요일부터 토요일까지 4일간 단기 아르바이트를 했다. CV를 이곳저곳 내고 다니던 중 빵집에서 내게 3주 뒤부터 일할 수 있냐고 물어봤고 당장 일이 필요했기에 거절했다. 집 근처 다른 식당은 트라이얼만 하고 끝났다. 내 생각엔 트라이얼을 핑계 삼아 몇 시간 일만 시킨 것 같다. 그러던 중 한 가게에서 수요일에 연락이 왔다. 오늘 오후 3시까지 나올 수 있냐는 것이었다. 갑작스러웠지만 '알겠다'고 하고 가게에 갔다.

키친 포터가 하는 일은 어디를 가나 비슷하다. 설거지, 재료 가져오기, 셰프 심부름, 청소 등의 잡일이다. 첫날은 오후 3시부터 오후 10시 반까지 7시간 반을 일했고 나머지 3일간은 오전 10시부터 오후 10시까지 12시간 일을 했다. 중간에 두 시간 쉬는 시간이 있는데 시급으로 쳐 주지 않기 때문에 결국, 하루에 10시간을 일한다. 그래도 가게가 집 근처여서 자전거로 통근했는데 쉬는 시간마다 집에 와서 2시간 동안 쉬다 갈 수 있어서 좋았다. 사실 키친 포터가 혼자여서 걱정했는데 일하는 동안은 바쁘지 않았다. 오히려 너무 한가해서 눈치를 볼 정도였으니.

일하면서 느꼈던 것은 다들 여유 부리며 느긋하게 일한다는 것. 한국에서 아르바이트하면서 느낀 경험들로는 대부분 '빨리빨리'가 습관화돼 있다. 뭘 하든 빨리해야 되고 눈치 봐야 한다. 하지만 이곳에선 눈치는 보겠지만 내 할 일만 하면 느리다고 뭐라 하지 않는다.(물론 바쁠 땐 빨리해야겠지만.) 그리고 셰프들이 다른 나라에서 온 외국인이기에 영어를 아일랜드 사람처럼은 하지 못해서 알아듣기 편했다.

　4일간 39시간을 일했고 360.75유로를 받았다. 아일랜드의 최저 시급은 9.25유로로 한화 약 11,300원이니 39시간 동안 약 44만 원을 받은 것이다. 원래 세금 10%를 떼는데 이곳에선 현금으로 그냥 줬다. 사장님이 현금으로 주는 걸 보니 부자인가 보다. 어쨌든 아일랜드에서는 아르바이트만 해도 생활비를 벌기엔 짭짤한 것 같다.

셰어 하우스 청소

아일랜드 워킹홀리데이 D+121

지금 살고 있는 셰어 하우스에는 각기 다른 나라로 구성된 15명이 살고 있다. 방은 총 7개. 집은 3층까지 있다. 거실과 부엌, 화장실은 5개. 테라스까지 있는 엄청 큰 집이다. 그래서 청소도 체계적으로 스케줄표를 만들어 돌아가면서 한다. 그런데 내가 이사 온 뒤로 청소하지 않게 됐다. 주기적으로 스케줄표를 만들던 사람이 있었는데 집을 나간 뒤로 자연스레 중단됐다. 주기상 우리 방이 청소할 차례라서 오랜만에 대청소했다. 워낙 더러웠던 터라 청소하는 동안 온갖 먼지와 쓰레기들이 넘쳐났다.

공용 물품(키친타월, 세제, 쓰레기 봉지)은 1달에 2유로씩 돈을 걷어서 살 때 사용하곤 했다는데 내가 온 뒤로 그런 것도 없어졌다. 사실 나는 이 집에 온 지 얼마 안 됐었고 나서는 것 같아서 가만히 있었다. 그러던 중 저녁에 katarina라는 크로아티아 여자애랑 이야기했다.

"우리 청소 스케줄표 다시 만들까?"

"나는 컴퓨터가 없어서 문서 작업을 못 하는데 네가 만들어 줄래? 그럼 내가 일하는 곳에 가서 프린트해 올게."

얼떨결에 내가 청소 스케줄표를 다시 만들기로 했다. 오랜만에 하는 엑셀 작업이라 어려웠지만 그래도 깨끗한 집을 위해서 귀찮지만 고생하기로 했다.

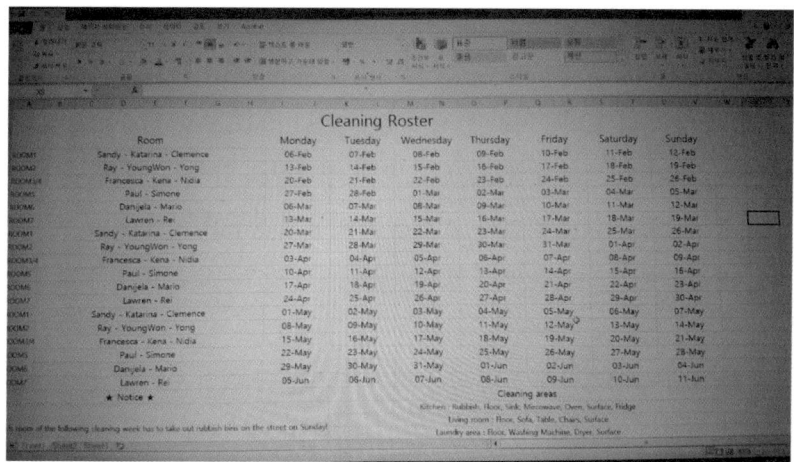

한국인 홈 파티

아일랜드 워킹홀리데이 D+133

아일랜드에 와서 제대로 주최해 보고 싶었던 홈 파티를 했다. 일주일 전부터 미리 공지하여 내가 알고 있는 한국인들을 먼저 초대했고 친구들을 데려와도 된다는 말에 한국인만 34명이 모였다. 더 오기로 한 사람들까지 왔었으면 40명 정도 모였을 인원이었다.

점심부터 미리 도와주기로 한 친구들을 만나 장을 보고 집에서 요리 준비를 했다. 김밥, 떡볶이, 불고기, 호박전, 삼겹살로 한국인 파티답게 한식으로 준비했고 제대로 파티해 보고 싶은 마음에 풍선으로 집 안을 꾸미고 단체 사진을 찍기 위해 드레스 코드는 네이비로 맞추기로 했다.

사실 파티 당일 2시간 정도 일을 해야 했기에 나 대신 요리해 준 친구들에게 미안하면서도 고마웠다. 일 끝나고 부족한 물건들을 사기 위해 시티에 갔다 오니 파티 시작 시간보다 집에 늦게 돌아왔다. 이미 친구들이 손님들을 맞아 주고 있었고 자연스레 파티는 시작됐다.

비가 와서 아쉽게 테라스에서 바비큐 파티를 하지 못했지만, 음악과 술이 있으니 모두 즐거운 분위기에서 놀 수 있었다. 일이 늦게 끝난 같이 사는 외국인 친구들도 뒤늦게 참여했다. 성찬이의 기타 연주로 다 같이 노래를 부르며 파티는 무르익어 갔고 깊은 대화보다는 이 순간을 즐겼다.

외국에서 생활하는 한국인들끼리 모여 근심 걱정 없이 재미있게 놀 수 있는 것만으로 또 하나의 추억이 될 수 있을 것 같다.

내가 바라는 게스트하우스가 바로 나이, 성별, 학벌, 직업, 국적 상관없이 그냥 '사람'과 '사람'이 모여 웃고 떠들며 함께할 수 있는 것만으로도 행복한 걸 원하는 거니까.

더블린 생활

아일랜드 워킹홀리데이 D+134~146

주말엔 보타닉 가든에 다녀왔다. 날씨가 좋아 카메라를 들고 오랜만에 바람도 쐴 겸 여행 아닌 여행을 다녀왔다. 센터에서 걸어갈 수 있는 거리로 보타닉 가든은 묘지와 식물원으로 나뉘어 있다. 글래스네빈 묘지는 근현대 아일랜드를 대표하는 사람들의 무덤이 있다고 하는데 대표적인 인물 다니엘 오코넬, 마이클 콜린스 등 아일랜드 독립 운동가들이 다수 매장돼 있다고 한다.

식물원은 온실 안에 식물들을 관람할 수 있게 돼 있고 주변은 카페와 산책하기 좋게 잘 꾸며 놨다.

최근 영어 공부의 방법이 잘못됐다는 걸 깨닫고 미국 드라마를 한영 자

막으로 보면서 Shadowing 방법으로 공부하고 있다. 섀도잉이란 문장을 따라 말하면서 스피치 연습을 쉽게 할 수 있다. 더불어 문장을 외우면서 단어만 번갈아 가며 쓰면 내 것으로 만들 수 있으니 효율적인 영어 공부 방법인 것 같다.

사실, 그동안 한국으로 돌아가고 싶은 생각이 많았다. 일 구하기도 힘들고 영어 공부도 안 되니 여기까지 온 이유가 없는 것 같았다. 하지만 포기하고 싶지 않았다. 할 수 있을 때까지 최선을 다하고 싶었기에, 다시 시작이다. 더블린 생활.

워킹홀리데이 다큐멘터리

아일랜드 워킹홀리데이 D+154

워킹홀리데이 다큐멘터리

요즘 다큐멘터리 프로젝트를 하고 있다. 아일랜드에 오기 전 정보 부족으로 힘들었던 경험들을 많은 청년들이 유학에 관한 정보에 도움이 되고 간접적으로 워킹홀리데이를 경험할 수 있게 하도록 워킹홀리데이생의 하루를 다큐멘터리 영상으로 만들었다.

투 잡

아일랜드 워킹홀리데이 D+157~163

최근 한국 식당과 외국 식당에서 두 개의 알바를 하고 있다. 생존을 위해서라도 두 군데 다 현금으로 지급해 주기 때문에 당장 입에 풀칠은 할 수 있게 됐다. 일주일에 6번 일을 나가니 그토록 일 구하기 힘들었던 워킹홀리데이의 워킹 생활을 제대로 하는 중이다.

당분간은 일하면서 영어 공부하며 쉬는 날엔 여행이라도 다녀올 생각이다. 일만 하면 아일랜드 생활을 제대로 즐기지 못하니 여행으로라도 만족할 셈이다.

어느덧 더블린 생활 6개월째에 접어들었다. 아일랜드에 온 지 반년이라는 시간 동안 참 많은 일이 있었던 것 같아도 돌이켜 보면 아무 일도 아니었다는 것을. 지금 이렇게 건강하다는 것에 감사할 뿐이다.

골웨이

아일랜드 워킹홀리데이 D+170

골웨이 여행 영상

 더블린, 코크 다음으로 세 번째로 큰 도시이자 아일랜드에서 '작은 섬들이 있는 항구'라는 뜻의 골웨이에 다녀왔다. 예약한 버스로 아침 일찍 나와 차 안에서 피곤함을 맥주 한 캔으로 달래고 잠을 청하려 했지만, 창밖을 바라보니 자기엔 가는 길이 너무 아름다웠다. 푸른색의 넓은 초원과 한가로이 풀을 뜯어 먹는 양과 말들이 보이고 한국에선 볼 수 없는 넓은 불모지가 가슴을 뻥 뚫리게 했다. 2시간 30분 만에 도착한 그곳은 서울에서 강원도 시골 마을에 가는 느낌이랄까?

 아무도 없는 텅 빈 의자에 앉아 고독하게 책을 읽고 싶기도 사색에 잠기고 싶기도 했지만, 그보다도 지금 내 눈앞에 보이는 자연의 모든 것들을 오감을 사용하여 느끼고 싶었다. 어디든 여행지에 처음 가면 가기 전의 설렘

이 이내 금방 적응해 버리는 것 같다. 오래 연애를 할 때도 설렘에서 권태기가 오는 것처럼 중요한 건 나의 마음가짐인 것을.

　시티에 돌아오니 아침과 다르게 많은 사람과 거리엔 버스커들도 보였다. 특히, 아일랜드 전통 탭댄스를 추는 여성분의 모습은 아름답고 매혹적이었다. 절제된 발동작과 추임새는 관광객들을 환호하게 하였다. 더블린과는 다른 매력의 음악을 즐기고 사랑하는 사람들의 모습들. 이 도시에 한번 살아 보고 싶다.

기네스 스토어

아일랜드 워킹홀리데이 D+174

오랜만에 루아스(전동차)를 타고 기네스 스토어에 다녀왔다. 겉에서 본 건물과는 다르게 안에는 테마파크처럼 1층부터 5층까지 다양한 컬렉션으로 공간을 꾸며 놨는데 1층엔 기네스로 된 각종 기념품 가게와 2층은 기네스의 생산 과정 3층엔 기네스 아카데미 등 다양한 체험들이 있었고 특히, 4층에서는 기네스를 시음할 수 있었다. 직원들이 소량의 기네스를 플라스틱 종이 컵에 따라놓으면 누구든 먹을 수 있는데, 먹는 데 제한이 없어서 좋았다.

가장 꼭대기인 5층에서는 통유리창 너머로 더블린 시내를 훤히 볼 수 있는데 입장권을 보여 주면 기네스 파인트 한 잔을 무료로 준다. 뻥 뚫린 공간에서 마시는 기네스는 정말 최고였다.

그레이스톤스

아일랜드 워킹홀리데이 D+189

　더블린 남쪽으로 가는 다트의 마지막 종착지 그레이스톤스. 혼자만의 시간을 오래 갖고 싶어서 시간이 걸리더라도 버스를 2번 갈아타고 갔다.

　해안 절벽을 따라 걸으면서 외롭기도 슬프기도 신나기도 하는 여러 감정들이 아름다운 풍경 앞에 내 마음도 살랑거렸다. '호스'의 트레킹 코스와는 다르게 그레이스톤스의 트레킹 코스는 '다트'라는 것 하나만으로 아름다웠다. 위에서 내려다보는 녹색 다트가 절벽을 따라 지나갈 때 바라보면 지상낙원인 듯했다.

　유난히 좋았던 그레이스톤스. 혼자 여행해서 외롭기도 했지만 나를 더 돌아볼 수 있는 귀중한 시간이 됐던 것 같다. 이제 일상으로 돌아가야 하는 것이 싫었지만 이 또한 여행의 한 부분이기에 담담하게 집으로 가는 버스에 올라탔다.

낭만의 도시 코크

아일랜드 워킹홀리데이 D+193

아일랜드에서 더블린 다음으로 두 번째로 큰 도시 코크. 더블린에서 버스를 타고 가는 길 주변 사람 중 코크에 살아서 좋았다는 얘기만 들어서인지 가득 기대를 안고 코크의 모습을 상상했다. 약 네 시간 만에 도착한 코크는 한국으로 생각하면 서울에서 전주 정도의 지방 도시에 간다고 생각하면 된다.

코크는 언덕이 유난히 많았다. 더블린이나 골웨이에는 고층건물이나 언덕이 없어서 위에서 아래를 바라본다는 개념이 없었는데 이곳에선 유난히 언덕에 올라가는 일이 많았다. 특히, 언덕 위로 마치 유럽과 일본을 합쳐 놓은 듯한 느낌의 건물들이 형형색색을 띠고 있었고 동화 속의 레고 마을 같았다. 더블린에만 있는 노란색 이층 버스와 리피강이 없어서인지 코크에 온 것이 더욱 실감 났다.

해가 지기 전 일몰을 보고 싶었고 언덕 위로 올라갔다. 어느 정도 올라갔을까 가려진 벽 너머로 엄청난 광경이 들어왔다. 코크를 제대로 볼 수 있는

야경 장소. 이미 돗자리를 깔고 몇몇 사람들은 맥주를 마시며 앉아 있었고 나도 벤치에 앉아 일몰을 기다렸다.

　아마 아일랜드 와서 모어의 절벽 이후 두 번째로 가장 기억에 남을 명장면일 것 같다. 이곳에 이성과 온다면 사랑에 빠질 수밖에 없는 그런 풍경이었으니. 해가 지기 시작했고 빨강과 검정의 중간인 보랏빛이 하늘에 펼쳐졌다. 이 순간만큼은 시간이 멈췄으면 했다.

살고 싶은 마을 코브

아일랜드 워킹홀리데이 D+194

코크 코브 여행 영상

    코크 역에서 기차로 약 30분이면 갈 수 있는 코브는 타이타닉 호의 마지막 출항지로도 알려진 곳이다. 오래전 아일랜드에서는 감자 대기근이 있었고, 많은 사람이 아메리칸 드림을 꿈꾸며 미국으로 건너가기 위해 세계에서 가장 큰 배였던 타이타닉 호에 탔었다. 영화 타이타닉을 어렸을 때 보곤 울었던 기억이 나는데 전설의 영화로 알려진 타이타닉 침몰 사건은 1912년 4월 14일 코브 항에서 사람들을 태우고 미국으로 가는 길 2,200여 명의 승선자 중 1,500여 명이 침몰한 안타까운 사건이었다.

    이런 슬픈 배경이 있는 코브 항에 가는 길은 아이러니하게 너무나 아름다웠다. 커다란 호수 사이에 놓인 기찻길은 마치 물 위에 떠 있는 듯한 기분과 햇볕에 비친 물결은 덩실덩실 춤을 추고 있었고 마치 녹색 안경을 끼고 바라보는 듯 푸른빛의 풀과 나무들이 있었다.

코브 역에 도착하자마자 타이타닉 호 박물관과 엄청난 크기의 크루즈가 맞이하고 있었다. 지금도 타이타닉 호가 출항했던 곳에 왔다는 게 실감 나지 않았다. 역에서 걸어서 10분이면 갈 수 있는 코브 항은 아기자기한 작은 마을인데, 바다가 보이는 레스토랑에서 분위기 있게 식사를 하는 사람들, 거리에서 버스킹을 하는 할아버지, 멀리 보이는 고딕식 세인트 콜먼 대성당과 푸른 코브항의 바다는 세상에 원망과 불만이 가득한 사람이라도 이곳에 온다면 마음이 사르륵 녹을 수밖에 없을 것 같았다.

마을 위 언덕으로 올라가는 길. 형형색색의 집집마다 사람 냄새 나듯 빨랫줄에 옷이 걸려 있었고 언덕 위에서 바라보는 코브 항엔 바람에 돌아가는 커다란 풍차와 작은 섬들이 보였다.

초록색 교복을 입은 아이들과 지나갈 때마다 반갑게 인사해 주는 코브 주민들은 이 도시에 살면 친절해질 수밖에 없을 것 같은 분위기였다. 사실, 세인트 콜먼 대성당에는 사연이 있는데 타이타닉 호가 출항하기 전 미국까지 무사히 가길 기원하며 남겨진 가족들과 많은 사람들이 기도했다고 한다.

성당 앞에 있는 집들은 주민들이 '나는 이 색으로 집을 지을게. 너는 다른 색으로 해' 정해 놓은 것처럼 무지개 색깔의 집들이 일자로 길게 뻗어 있었다.

마치 작은 몽당연필을 세워놓은 듯 정갈하고 아름다운 집들에 넋을 잃었다.

펍에서 아이리시 커피를 마셨는데 아이리시 커피는 커피에 위스키를 넣어 만든 것으로 몸을 따뜻하게 해 주는 칵테일 커피인데 제2차 세계 대전이 끝난 직후, 아일랜드의 국제공항에 위치한 한 술집 주인이 추운 승객들을 위해 처음 만들어 유명해진 메뉴라고 한다. 알코올 도수가 높은 위스키가 들어가 차가운 몸을 데워 주는 역할 외에 피로를 풀어 주는 기능이 있다고 하는데 아일랜드에 와서 처음 먹어 봤다.

서머 타임으로 밤 8시까지도 해가 지지 않는 아일랜드의 계절 덕분에 바다를 바라보며 조금 더 여유를 즐길 수 있었다. 코브 항에서 바닷바람을 맞으며 자유를 즐기는

이 순간도 언젠가 추억으로 묻어지겠지만, 지금은 행복하다는 말 한마디면 충분했다.

아일랜드, 더블린 노상 사진 판매

아일랜드 워킹홀리데이 D+200~202

우리의 노상 사진 판매는 이렇게 시작됐다.

한국에서 엽서 판매 경험이 있어 아일랜드에서 찍은 사진들로 엽서를 만들어 팔 생각을 했다. 거래하던 업체에 연락을 해 보니 해외 배송은 힘들다며 거절했고 마음만 먹으면 친구 집 주소로 엽서 주문 제작 후 다시 해외 배송을 할 수 있었으나 소요되는 시간도 있어서 다른 방법을 구상했다. 아일랜드는 인쇄 값이 비싸서 엽서를 만들게 되면 배보다 배꼽이 더 큰 상황이 될 수밖에 없었기에 엽서 만들기는 포기했다. 마침 플리마켓을 열어 사진을 인화하여 팔고 있는 동생을 알게 되었고 '길에서 팔아 볼래?'라는 제안에 선뜻 응했다.

노상 판매를 시작하기 전 우리가 찍은 사진들로 남들에게 판매하여 작게나마 용돈을 벌 수 있다는 생각과 외국에서 노상 판매를 해보는 것도 재미난 경험이 될 것 같다는 생각이 통했다.

친구는 필름 카메라 사진이 많았고 나는 DSLR 사진이 많아서 다른 느낌의 사진을 팔 수 있었는데, 아일랜드 사진과 한국사진을 주로 인화하여 가격은 장당 1유로로 책정했다. 그렇게 사진 판매 구상 후 3일 만에 시작했다. 첫날은 관광객이 많은 'Templebar' 앞에서 팔았다. 자리를 깔고 본격적으로 사진 판매를 시작하자마자 관심을 보이는 부부가 오더니 이탈리아에서 왔다며 2유로를 주고 사진 1장을 사 가면서 기분 좋게 시작할 수 있었다.

내심 걱정됐던 건 노상 판매가 법적으로 문제가 없는지 확실히 몰라서 일단 부딪혀 보자라는 식으로 했었는데 경찰이 지나가도 아무 말 없었다. 더욱 자신감이 붙어 사진 판매에 박차를 가했다. 비록 사진을 사지는 않았지만 다양한 나라, 사람들이 와서 말도 걸어 주고 이야기하다 보니 재미있었다. 첫날은 사람들의 반응을 보기 위해 약 1시간 정도 사진 판매를 하고 마쳤다. 정산을 해 보니 7유로를 벌었다.

수입은 동생과 n분의 1로 나눠 갖기로 하고 오늘 번 돈으로는 저녁을 먹었다. 이튿날은 버스킹의 성지 그라프튼 스트리트에서 팔기로 했다. 사람들이 가장 많은 시간인 점심시간을 공략해 자리를 잡고 팔기 시작했다. 거리 한가운데에서 팔다 보니 많은 사람들이 지나가다 보고 가곤 했다. 갑자기 중간에 관리자 같은 사람들이 오더니 이곳에서 물건을 팔면 안 된다고 했다. 당황했지만 침착하게 몰랐다고 하곤 1시간 반 만에 장사를 접었다. 비록 짧은 시간이었지만 무려 17유로나 벌었다.

처음부터 돈 욕심은 없었기에 팔 수 있다는 것만으로도 감사했고 값진 경험이었다. 앞으로 가능한 장소에서 시간이 날 때마다 사진 판매를 계속할 것 같다.

사진 판매 3일 차

아일랜드 워킹홀리데이 D+205

오늘은 더블린 템플바 앞에서 사진을 팔았다. 바람이 많이 부는 탓에 사진들이 날아가기도 했지만 정말 잊지 못할 하루가 될 것 같다.

우리가 사진 파는 걸 멀리서 보고 있었다며 반갑게 인사해 주는 아일랜드 사람과 폴란드에서 온 형제가 관심을 갖더니 우리 앞에서 악기 연주도 해 줬다. 특히, 몇몇 사람들은 사진이 바람에 날아가니까 제대로 고정하라며 받침돌을 가져다주기도, 한국에 관심이 많다며 활기찬 아이리시 여학생들 덕분에도 즐거웠다.

마지막엔 허름한 차림새의 아이리시 할아버지가 오더니 우리 사진을 막

찍기 시작해서 뭘 할까 걱정했는데 갑자기 'Are you rich? or Are you poor?' 질문했다. 갑작스러운 질문에 당황했지만, 부자도 아니고 가난하지도 않다고 하니 사진 한 장 사지 않고 그냥 6유로를 주고 가는 것이 아닌가? 미안한 마음과 고마운 마음에 다시 붙잡아 사진 두 장을 건네주며 감사한 마음을 조금이나마 표현했다. 나도 모르게 할아버지에 대한 안 좋은 생각을 한 게 죄송스러웠고 그 사람의 옷차림새를 보고 의심하는 나 자신이 부끄러웠다.

사진을 팔면서 돈 욕심은 없다. 단지 이 과정으로 우리가 얻는 경험은 생각지도 못할 만큼 값지다는 것을 오늘 또 한 번 느꼈다.

아프리카 모로코, 탕헤즈

아일랜드 워킹홀리데이 D+206(In Morocco 5.15)

모로코 여행 영상

더블린에서 여행 동행을 구해 모로코에 가게 됐다. 살면서 아프리카를 한 번쯤 가보고 싶었고 세계에서 가장 큰 사막인 사하라 사막이 모로코에 있기도 했다.

우리의 첫 여행지는 모로코의 파랑마을 쉐프사우엔. 렌트한 차를 타고 2시간 30분 걸리는 거리를 5시간 만에 도착했다. 쉐프사우엔은 모로코에서 치안이 가장 좋은 도시라고 한다. 주변에 동양인은 전혀 보이지 않았고 지나갈 때마다 신기한 듯 쳐다보는 사람들 때문인지 의식적으로 경계하게 됐다.

모로코의 첫날을 여행하며 느낀 건 사람들이 사진 찍히는 것에 민감하다

는 것. 여행 오기 전 얼핏 들었지만, 모로코 사람들은 사진을 찍히면 영혼이 빠져나간다는 생각을 한다고 한다. 그래서인지 카메라를 들 때마다 얼굴을 피하거나 하지 말라고 제스처를 취하기도 했다.

  모로코 사람들은 생김새가 아프리카의 느낌보다는 유럽의 느낌이 강했다. 모로코 사람들은 대개 순수해 보였고 친절했다. 지나가다 인사하면 수줍은 미소를 보이며 인사하는 경우가 많았다.

파랑마을 쉐프샤우엔

아일랜드 워킹홀리데이 D+207 (In Morocco 5.16)

쉐프샤우엔의 아침은 온통 파랬다. 파란 차, 파란 건물, 파란 문, 파란 물건, 심지어 파랑파랑한 옷을 입은 사람들까지 보이니 내가 이상한 나라에 온 엘리스 같다는 생각을 했다. '파란색이 이렇게 예쁜 색이었나?'

파란 세상에 물들며 쉐프샤우엔을 구경하고 다음 목적지인 하실라비드로 향할 수 있었다.

이번 여정은 차로 10시간이나 걸리는 630km의 대장정이었다. 밤이 되고 가로등이 잘 없는 모로코에서 야간 운전은 위험했는데, 가파른 아틀라스 산맥을 넘어야 했고 아무것도 보이지 않는 도로에서 천천히 주행할 수밖에 없었다. 깜깜한 새벽 조용한 차 안에서 밤하늘 위로 무수히 떠 있는 별을 보니 아프리카라는 것을 실감할 수 있었다. 창문을 열어 쏟아질 것 같은 별을 바라보니 감격에 벅차 눈물이 나올 것 같았다. 살면서 이렇게 많은 별을 본 적이 없었기에 '여행이 주는 선물인가?' 싶었다.

도착하는 데 한 시간도 남지 않았을 때 아무도 없는 어두운 밤길 뒤쪽에서 우리를 따라오는 차량이 있었다. 2차선 도로에서 추월하는 줄 알고 생각했던 차량이 옆에서 같은 속도로 달리면서 우리를 쳐다보고 있었고 우리 차량을 앞지르고 앞에 멈췄다. 순간적으로 이 상황이 심각하다는 것을 느꼈고 차를 들이받는 돌발 상황이 발생하면 어떡할까 생각하며 호신용으로 셀카봉이라도 꺼내 들었다. 일단, 멈춰 있는 차량을 무시하고 다시 비껴서 달리기 시작했다. 그러자 그 차량은 다시 쫓아오기 시작했다. 마음의 준비를 하고 잠시 차를 세워 창문을 여니 건너편 차량에서 말을 걸어왔다.

'Do you speak English?'

딱 봤을 때 차 안에는 4명의 사람이 있었고 양아치 같은 느낌이 들었다. 우린 'Why'와 'Who are you?'를 계속 외쳤고 'Where do you going?'

으로 물어오는 답변에 무시하고 달리기 시작했다. 관광객인 것처럼 보여서 그런지 우리에게 돈을 뺏으려 하는 것 같았고 무섭지만 계속 달리기 시작했다. 더 이상 뒤에서 쫓아오지 않자 이제야 안심이 됐다.

오후 2시에 출발해 새벽 5시에 하실라비드에 도착했다. 운전하는 동안 많은 일이 있었지만, 나중에 추억을 안주 삼을 수 있을 거란 생각에 놀란 가슴을 쓸어내렸다. 한국인들이 많이 간다는 '오아시스 알리네 집'에서 체크인을 하곤 짐을 풀었다.

메르주가, 사하라 사막

아일랜드 워킹홀리데이 D+208(In Morocco 5.17)

사막에서의 아침은 무더웠다. 찌뿌둥한 몸을 이끌고 테라스에 나오니 저 멀리 사막이 보였고 아직 사막에 온 것이 실감 나지 않았다. 미리 신청한 1박 2일 사막 투어가 오후 여섯시 출발이라 근처에 있는 도시에 구경 가기로 했다. 차로 30분 만에 도착한 '메르주가'는 생각보다 작은 도시였다.

늦은 점심은 모로코 현지식을 먹은 뒤, 사막 투어 가기 전까지 숙소에 있는 풀장에서 모로코 아이들과 물놀이를 하고 의자에 누워 휴식을 취했다. 이 순간만큼은 세상 누구도 부럽지 않았다.

사막 투어에 가는 길 우리를 목적지까지 데려다줄 낙타들이 대기하고 있었는데 인솔자가 지정해 준 낙타의 등은 생각보다 높았다. 줄을 지어 이동하는 낙타와 함께 사막 안으로 들어가니 미지의 세계로 탐험하는 것 같았다.

도착한 숙소에서 흥겨운 가이드 덕분에 저녁을 기다리는 시간마저 지루하지 않았다. 메인 요리와 후식까지 풍족한 저녁 식사를 하고 모로코 전통 공연이 있었다. 젬베와 비슷한 타악기를 연주하는 모습이 그저 신기했다. 전통 공연이 끝나고 야자나무 아래에 누워 하늘을 바라봤다. 새벽의 사하라 사막은 춥지 않았고 살랑살랑 불어오는 바람이 마치 기분 좋은 가을 날씨 같았다.

사실 사막에 오면 꼭 보고 싶었던 것이 있었다. '사막 여우'였다. 가이드는 숙소 근처에 음식을 놓았다며 모두가 잠든 시간에 사막여우가 음식 근처에 다가온다며 기다리라고 했다. 후레쉬 하나만 갖고 사막 여우를 기다리고 있던 찰나 저 멀리 형광 눈을 가진 이상한 물체가 움직였다.

늦은 새벽 사막 여우까지 봤으니 여한이 없었다.

타이어 펑크

아일랜드 워킹홀리데이 D+209 (In Morocco 5.18)

마지막 목적지 페즈로 가기 위해 장거리 운전을 해야 했다. 구글맵으로 약 350km였으니 엊그제 주행한 630km에 비하면 별거 아니었지만, 피로가 쌓였다는 게 몸에서 느껴졌다. 짧게 느껴졌던 1박 2일의 사막을 뒤로하고 목적지로 향했다.

중간쯤 갔을까 2차선 도로에서 100km 속도를 내고 달리고 있었는데 건너편에서 큰 덤프트럭이 오고 있었다. 지나가기엔 도로가 좁다고 생각하여 오른쪽 턱에 살짝 걸쳐가다가 트럭이 지나가자마자 왼쪽으로 핸들을 틀었다. 순간적으로 차에서 큰 소리가 났고 예감이 좋지 않았다. 차에서 내리니 타이어에 펑크가 났다. 완전히 주저앉아 버린 타이어. 모두 당황했다.

순간적으로 내 실수라는 것을 깨닫고 스페어타이어가 있는지부터 파악했다. 다행히 스페어가 있었고 일본 여행할 당시 펑크 난 타이어를 교체한 경험이 있었기에 갓길에서 최대한 침착하게 타이어를 갈았고 다음 대책을 세웠다.

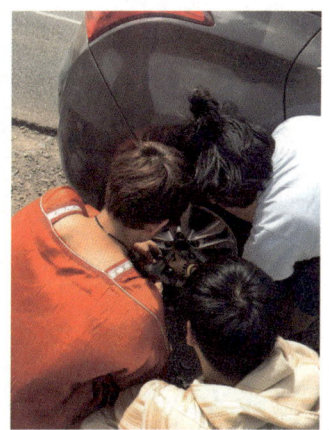

풀보험을 들었지만, 우리가 사고 낸 타이어도 보험 적용이 될지 몰랐고 당장 남은 여정에 있어서 스페어타이어로 가기에는 위험했다. 그래서 가장 가까운 정비소에 들리기로 했다. 얼마 안 되는 거리에 정비소가 있었고 무사히 타이어까지 교체할 수 있었다. 사건, 사고가 많았던 이번 여행. 하루에 한 번씩은 사고가 있었던 것 같다.

페즈에 도착할 무렵 노을 지는 모로코의 모습은 황홀했다. 하늘은 온통 주황빛으로 물들었고 산 너머로 지는 해는 마치 산 뒤에 숨어 숨바꼭질하는 듯 서서히 사라졌다. 그리고 무사히 페즈에 도착했다.

천 년의 역사를 간직한 도시, 페즈

아일랜드 워킹홀리데이 D+210(In Morocco 5.19)

페즈에 온 이유는 염색 공장에 가기 위해서다. 도시 전체가 세계 문화유산에 등록돼 있는 천 년의 역사를 간직한 페즈와 가죽을 제작하는 방식이 독특해 많은 관광객의 발길이 끊이지 않는 이곳엔 사람들로 북적였다.

무려 9,000여 개의 골목으로 이루어진 미로 도시. 골목엔 오토바이나 차가 아닌 당나귀가 동물의 생피를 운반하는 모습이 원시 시대의 모습을 상상하게 했다. 당나귀가 운반하는 가죽들은 '타내리'라 불리는 염색 공장에서 나오는데 세계 최고의 품질을 자랑하는 모로코의 천연 가죽은 이곳에서 생겨난다.

삐끼의 안내로 좁은 골목골목을 지나 염색 공장에 도착했다. 옥상에 올라가 가죽을 제작하는 방식을 볼 수 있는데 여러 장소가 있어서 지나가는 길 입장료가 싼 곳을 찾아 관람하면 된다.

염색 공장에 들어가기 전 입구에서 직원이 고약한 냄새에 대비하라며 민트 향이 나는 약초를 줬다. 이곳에서 일하는 사람들은 페즈에서 가장 높은 임금을 받는다고 한다. 일하는 환경이 고돼 보이지만 세계에서 인정받는 모로코의 수제 가죽을 이 사람들이 만든다고 하니 자부심을 가지고 일하지 않을까 싶다.

　관람을 마치고 직원의 안내에 따라 진열된 가죽 구경을 했는데 가죽 잠바, 가죽 가방, 가죽 필통, 가죽 벨트, 가죽 지갑까지 모든 물건이 수제로 만든 가죽이었다. 갑자기 가죽에 라이터로 불을 지피더니 낙타 가죽이라 절대로 안 탄다며 보여 주기까지 했다. 혹한 마음에 여러 개 사고 싶었지만 가난한 여행자라 간단한 기념품으로 만족했다.

　모르는 사람들과 첫 여행이었지만 너무 좋았던 모로코 여행. 절대 잊지 못할 것 같다.

여행 후, 더블린 일상

아일랜드 워킹홀리데이 D+211~213

모로코에 다녀온 후 더블린에 도착하자 집에 온 듯 편했다. 제2의 고향이 돼 버린 더블린. 변덕스러운 날씨에 걸맞듯 비가 내렸다 그쳤다 하는 것은 이제 일상이 돼 버렸다.

자전거를 타고 가다가 볼 수 있었던 비 온 뒤의 쌍무지개, 노란 머리를 한 아일랜드 사람들, 다양한 국가의 인종이 살고 있는 이곳에서 나 또한 부대끼며 살아가고 있다.

6개월 동안의 어학원이 끝나고 요즘은 일과 공부를 병행하며 시간 있을 때마다 여행을 가고 있다. 가끔 사람들의 생일 파티와 떠나가는 사람들의 송별회를 하며 행복과 슬픔을 함께 나누거나 때론 혼자만의 시간을 가지며 미래에 대해 생각을 하곤 한다.

요즘 고민이 있다. 앞으로 남은 아일랜드 생활을 다른 도시 코크에서 지낼지, 다른 나라의 한인 민박에서 스태프 일을 할지, 한국으로 돌아갈지. 쉽지 않은 결정이지만 후회하지 않을 결정에 최선을 다할 뿐이다.

이사

아일랜드 워킹홀리데이 D+214~215

그동안 살던 집에서 3개월을 살고 더블린 3인 도시 쪽으로 이사를 했다. 곧 옮겨질 일자리와 새로운 동네에서 살고 싶기도 해서 이사를 계획했었고 단, 하루 만에 이사할 집과 나 대신 들어올 사람을 구했다. 어느덧 더블린에서의 여섯 번째 집이다. 빠른 선택으로 그만큼의 위험 부담도 크지만, 실행력 하나는 최고인 것 같다.

아마 이곳에서 오래 살지는 않을 것 같다. 지금 계획으로는 늦어도 7월 말에는 어딘가로 움직일 것 같다.

한국 식당, 가게 회식

아일랜드 워킹홀리데이 D+226

라스마인에 가게가 생긴 이후 처음으로, 곧 가게를 떠나는 다니엘과 미카의 송별회 겸 회식을 했다. 영업이 끝난 뒤 사장님께서 가게를 빌려주며 삼겹살, 잡채, 탕수육 등의 음식을 해 주시고 술 사는 데 50유로를 보태 주신 덕분에 즐거운 회식을 할 수 있었다.

우리 가게는 두 개의 체인점이 있는데 하나는 시티에 있고 하나는 라스마인에 있다. 내가 가게에 들어온 이후로 삭막한 가게 분위기를 바꿔 보자고 가게 사람들과의 모임을 자주 만들었지만 이렇게 다 같이 회식을 하는 것은 처음이었기에 가게 사람들끼리 우리만의 공간에 모인 것 자체가 좋았다.

사실, 어디에서 일을 하든 가게 사람들은 직장 생활을 하면서 가장 많이 보고 가장 많이 부딪힐 수밖에 없는 사람들이기 때문에 일하는 공간에서조차 스트레스 받는 것보다 '가족'같이 즐겁게 일해야 한다고 생각한다. 사장이 아닌 알바생의 노력으로 모든 사람들이 두루 어울리기엔 한계가 있지만 최근 가게 분위기가 많이 좋아졌다고 생각하기에 뿌듯하다.

골웨이, 아란 섬

아일랜드 워킹홀리데이 D+236~237

　아일랜드에 오기전 세계 테마 기행 아일랜드 편을 유튜브로 구독했던 기억이 난다. 가수 하림이 배를 타고 아란 섬에 가서 자연을 느꼈던 장면이 아직도 머릿속에 선명하다.

　아란 섬은 아일랜드의 서쪽 해안에 있는 골웨이만 입구에 위치한 세 개의 섬으로 구성돼 있는데 나는 그중 이니시모어 섬에 가려고 계획했다. 페리에 몸을 실어 아란 섬의 선착장에 도착하자 보이는 것은 자전거 렌탈숍이었다. 나는 자전거를 렌탈했고 돌아가는 페리 시간을 생각하며 천천히 구경했다.

　아란 섬의 전체적인 느낌은 제주도와 같이 주변을 돌담으로 쌓아올린 대지가 많았다. 옛날에 가축을 방목해서 키웠기 때문에 도망가지 말라고 쌓아 놓은 듯했다. 불모지가 많은 아일랜드에서 특히 이곳은 건물보다는 자연 그대로의 느낌이었다. 주변엔 소와 말들이 많았고 바람에 살랑살랑 흔들리는 갈대와 바다. 그리고 사람들.

　지친 일상에서 자연을 느끼며 힐링을 하고 싶다면 이곳을 추천하고 싶다.

영국, 벨파스트

아일랜드 워킹홀리데이 D+242

아일랜드 더블린에서 버스로 2시간 반이면 갈 수 있는 영국. 이곳은 벨파스트이기도 하며 노던 아일랜드의 수도다. 하나의 섬에 두 개의 나라가 공존한다는 것이 신기했지만 사실 영국은 네 개의 지역이 합쳐진 하나의 나라다. 웨일즈, 잉글랜드, 스코틀랜드 그리고 벨파스트가 있는 노던 아일랜드.

아일랜드와 영국을 합쳐 놓은 듯 벨파스트는 더블린에서 볼 수 없는 고층 건물들이 눈에 보였다. 벨파스트에 있는 퀸즈 대학과 보타닉 가든엔 젊은 대학생들이 공놀이를 하거나 앉아서 맥주를 마시며 여유를 즐기고 있었고 이곳이 영국이라는 것을 느끼게 해 준 것은 화폐였다. 어느 곳에서든 유로가 아닌 파운드를 받으니 말이다.

유네스코 세계 유산 자이언트 코즈웨이

아일랜드 워킹홀리데이 D+243

노던 아일랜드에 오고 싶었던 이유 중 하나가 바로 자이언트 코즈웨이다. 유네스코 세계 유산에 등재된 이곳은 주상절리가 세계에서 가장 크고 많다고 한다. 약 6,000만 년 전에 일어난 화산 활동으로 생성된 것으로 약 40,000개의 육각형 기둥이 거대한 지형을 이룬다고 한다. 제주도에도 있는 주상 절리는 용암이 식으면서 기둥 모양으로 굳은 것인데, 기둥의 단면은 사각~육각형으로 다양한 모습을 형성한다.

기대를 안고 자이언트 코즈웨이 투어를 호스텔에서 예약한 뒤 아침 아홉시 투어 버스를 타고 북아일랜드 관광을 시작했다. 첫 목적지는 아일랜드의 가장 북쪽 해안 도로변에 있는 캐릭아레드 로프(Carrick-a-Rede Rope)라는 다리. 과거 연어를 잡는 어부들이 사용하기 위해 만든 다리였지만 현재는 관광 목적으로만 운영되고 있다고 한다. 이름처럼 나무판자와

밧줄로 만들어진 이 다리의 길이는 20미터, 바다에서 다리까지의 높이는 약 30미터라고 한다.

다리를 건너는데 통행료를 내야 하는데 7파운드(한화 약 11,000원)나 한다. 솔직한 마음으로 통행료를 낼 만큼 다리를 건널 필요는 없다고 생각했다. 하지만 다리를 건너지 않았다면 볼 수 없었던 풍경들이 눈앞을 시원하게 했다. 어떤 여행지든 내가 생각하기 나름인 듯하다. 돈에 얽매인다면 내가 보고 느낄 수 있는 것들도 달라질 것 같았다.

다음 목적지는 주변 식당에서 아이리시 스테이크로 점심을 먹었다. 같은 테이블에 앉아 있던 노부부가 있었는데 할머니는 70대였고 할아버지는 80대라고 한다. 겉보기에 너무 젊어 보여서 놀랐는데 노부부는 페루와 아르헨티나에서 왔고 여행 중에 만나 결혼하여 시간 있을 때마다 여행 다닌다고 한다. 연세가 있는데 사랑하는 사람과 함께 여행하는 모습이 보기 좋아 보였다. 사랑하는 사람과 여행하면 매일 행복해서 젊어지나 보다.

다음으로 간 곳이 바로 자이언트 코즈웨이. 기대하고 갔던 터라 빨리 보고 싶었다. 주상 절리는 제주도에서도 봤지만, 이곳과는 차원이 달랐다. 높고 긴 주상 절리의 모습들이 자연의 위대함을 느끼게 해 줬다.

조지 바, 게이 바

아일랜드 워킹홀리데이 D+247

    2015년 국민 투표로 동성 결혼을 합법화한 역사상 첫 국가인 아일랜드. 이번에 아일랜드의 새로운 게이 총리가 당선돼서 'ireland Gay Pride Parade'를 크게 했다. 프라이드 페스티벌은 아일랜드 더블린에서 레즈비언(L), 게이(G), 양성애자(B), 트랜스 젠더(T), 동성애자(Q) (LGBTQ)의 삶을 기념하는 매년 6월에 열리는 연례행사다. 아쉽게 일 때문에 못 봤지만, 더블린에서 게이 바로 유명하다는 조지 바에 갔다.

    밤 11시부터 공연이 시작되고 여장을 한 남자가 무대에 나와 음악에 맞춰 춤을 추며 립싱크로 노래를 불렀다. 약 7분에 한 명씩 짧은 공연 순서대

로 다른 배우들이 나왔다가 들어가면서 공연을 펼쳤는데 진한 화장과 화려한 옷차림, 가발을 쓴 차림새가 완벽한 여장 남자였다.

입장료 5유로를 내고 보기엔 그 이상의 훌륭한 무대 공연이었다.

배우 중에는 여자가 되기 위해서 호르몬 주사를 2년 이상 맞는다고 하는데 개인적으로 동성연애에 대해서 말하기엔 무거운 주제이지만 이 나라에서는 합법이라고 생각하기에 거부감이 없었던 것 같다.

웩스포드

아일랜드 워킹홀리데이 D+248~249

 더블린에서 웩스포드까지 가는 기차 안에서 바라보는 풍경이 기차로 가는 세계 10대 풍경 안에 든다고 들었다. 그래서 곧 있으면 아일랜드를 떠나는 동생들과 함께 당일로 여행을 다녀오기로 했다. 고등학교 시절 수학여행 가듯이 설레는 마음을 안고 기차 안에서 간식거리들을 산 뒤 웩스포드로 출발했다. 들어본 적도 없는 웩스포드라는 마을에 대한 기대감이 없었는지 가는 길 차창 밖으로 보이는 풍경보다는 동생들과 이야기하는 순간이 오히려 더 좋았던 것 같다.

 약 2시간 30분을 달려 도착한 웩스포드는 자그마한 시골 마을이었다.

마트에 가서 간식을 사곤 길바닥에 나란히 앉아 치킨을 뜯어 먹었던 우리. 카지노에 들려 룰렛을 하곤 신났던 우리. 카메라를 들고 각자의 사진을 찍는 우리. 주변에 보이는 아기자기한 마을들. 이 모든 것들을 우리는 웩스포드라는 마을과 함께 공유했다.

여행은 역시 여행지보다 사람인가 보다.

아리랑, 거리 공연

아일랜드 워킹홀리데이 D+250

더블린에서 친한 동생이 있는데 평상시 거리에서 버스킹을 한다. 기타에 대한민국 국기를 붙이고 동양인들도 유럽인들 앞에 기죽지 않았으면 좋겠다는 생각을 갖고 있는 동생이 얼마 전 '사람들을 모아 거리에서 한국의 대표적인 민요 아리랑을 플래시 몹으로 불러 보면 어떨까?'라고 제안을 했다.

새로운 것에 도전하는 걸 좋아하는 나는 하고 싶었고 짧은 연습 후 노래 구성에 맞춰 플래시 몹 콘셉트(책 읽는 사람, 사진 찍는 사람, 연인, 공연 구경하는 사람 등)을 정했다. 거리 공연의 성지 그라프튼 스트리트에서 첫 아리랑 버스킹을 했다. 연이어 헨리 스트리트에서의 버스킹까지.

한국과 머나먼 작은 섬 아일랜드의 땅에 울리는 아리랑.

박자도 리듬도 화음도 비록 완벽한 공연은 아니었지만, 한민족의 가장 대표적인 민요를 외국 땅에서 유학 온 한국 친구들과 함께 부르니 말할 수 없는 뭉클함과 뿌듯함이 밀려왔다. 사는 지역, 나이, 성별, 모두 다른 사연을 가진 우리는 이곳에서 아리랑으로 하나가 되었고 대한민국을 알릴 수 있었다.

⟨Grafton Street⟩

아리랑, 거리 공연
(그라프튼 스트리트)

⟨Henry Street⟩

아리랑, 거리 공연 영상
편집 최종물 (헨리 스트리트)

27번째 생일

아일랜드 워킹홀리데이 D+271

매년 통과 의례를 치르듯 지나가는 '생일'은 남녀노소, 나이 불문 설렘과 기대감을 안겨 준다. 올해에도 어김없이 찾아오는 생일에 어느덧 27번째 생일을 아일랜드에서 맞게 됐다.

24번째 생일은 일본,
25번째 생일은 한국,
26번째 생일은 인도,
27번째 생일은 아일랜드에서 맞게 될 줄 알았을까? 그러고 보니 20대 중반의 생일을 거짓 외국에서 보냈다.

외국 생활이 익숙해질 대로 익숙해진 요즘엔 생일을 타지에서 맞는 것도 나쁘지 않은 것 같다.

곧 더블린을 떠나게 되어 송별회 겸 생일 파티를 했다. 더블린 시티에 에어비앤비로 집을 빌렸고 무작정 사람들을 모으다 보니 왔다 간 사람만 50명 가까이 됐다.

파티 준비를 도와준 사람들에게 너무나 고마우면서도 많은 사람들이 왔다 간 것을 통해 그동안 더블린 생활을 잘한 것 같다는 뿌듯함이 들었다. 참 많은 일이 있었던 더블린 생활이었지만 결국, 타지 생활에 남는 건 사람에게서 힘을 얻어 가는 게 아닐까 생각된다.

한국 식당, 아리수

아일랜드 워킹홀리데이 D+274

 4개월간 일했던 가게에서의 마지막 근무가 끝났다. 이제 곧 더블린을 떠나기에 가게 사람들과 정들었던 마지막 인사를 나누고 시원섭섭한 마음으로 가게를 나왔다.

 사실 더블린에 살면서 최소한 한국 가게에서만큼은 일하고 싶지 않았다.

아일랜드에 온 가장 큰 이유가 영어 공부였고 한국 가게에서 일하면 그 의미가 무색해질 것만 같았다. 그래서 영어 쓰는 가게를 구하면서 이곳저곳을 전전긍긍했고 결국, 돌고 돌아 한국 가게 아리수에서 근무하게 됐다. 현실 앞에 어쩔 수 없었고 생활비를 벌기 위해 주급으로 돈을 받으며 일을 했다. 일하면서 느낀 것은 한국 가게에서 일한다고 영어를 못하는 것은 핑계였다. 일이 끝난 뒤 혼자 영어 공부를 열심히 하는 친구들도 있었고 한국 가게에서 일한다는 것에 긍정적인 생각을 하는 친구들도 많았다. 어쩌면, 나의 이런 생각들이 이들에게 무례한 일이었다는 것을 느낄 수 있었다.

이제 더블린 생활의 활력소가 돼 주었던 아리수에서의 마지막 근무가 끝이 났고 평생 살면서 이곳에서의 추억을 기분 좋게 곱씹을 것 같다.

9개월간 아일랜드 워킹홀리데이 끝

아일랜드 워킹홀리데이 D-Day ~ D-277 The End

'외국에 살면서 여행, 경험, 돈, 언어, 친구들까지 얻을 수 있는 워킹홀리데이 비자'

어떻게 워홀 생활을 보내느냐에 따라서 인생이 달라지기도 한다. 어린 나이에 가난한 학생으로서 외국에 나가 살 수 있는 워킹홀리데이 비자는 나에게 최고의 선물이었다.

그래서 26살 휴학을 하고 2016년 10월 또 한 번의 아일랜드 워킹홀리데이를 다녀왔다. 처음으로 간 유럽이며 서양 국가이기에 두려움이 앞섰다. 영어는 아예 할 줄도 몰랐으며 한국과 시차가 9시간 차이 나는 곳에서의 생활이 두려웠다. 가자마자 홈스테이에서 쫓겨나기도, 일을 세 번이나 잘리기도 전단지 알바를 해 가며 돈을 모으기도 했다. 영어가 통하지 않아 자존심 상하고 억울한 일들도 있었다.

하지만 아일랜드 워킹홀리데이를 통해 돈을 모으면서 해외 생활도 경험하고, 동시에 여행도 할 수 있었다. 그리고 다양한 외국인 친구들과 좋은 사람들을 많이 만날 수 있었다. 목표한 영어는 능숙한 수준까지는 아니지만 기본적인 의사소통하는 데에 문제는 없다.

내 기억 속의 아일랜드는 많은 추억을 줬기에 후회는 적다. 어떤 나라든 어떤 곳이든 사람마다 다르므로 아일랜드가 좋다고 또는 나쁘다고 추천해 주기 어렵다. 분명한 건 본인이 '어떤 마음가짐으로 받아들이느냐'가 중요한 것 같다.

이번엔 아일랜드가 아닌 스페인 '마드리드'로 간다. 한인 민박에서 스태프 일을 하게 됐다.

* 9개월간 아일랜드 워킹홀리데이 기록

- 총 기간: 2016년 10월 - 2017년 7월 (9개월)
- 장소: 아일랜드
- 일한 직업 종류: 청소/ 키친 포터(주방 보조)/ 웨이터/ 빵집/ 전단지/ 블로그/ 셰프
- 일한 곳(트라이얼 포함): 블로그(워홀 메이커스)/ 전단지(중국 레스토랑)/ 일본 레스토랑(KOKORO Ramen BAR, ukiyo, Eat Tokyo)/ 남아공 프렌차이즈 난도스/ 햄버거 식당/ 누들 식당/ 한국 레스토랑(아리수, 브라더스 도시락)/ 이탈리안 레스토랑/ 프랑스 레스토랑/ 아이리시 레스토랑(OPIUM)/ 빵집
- 이력서 돌린 곳: 약 100여 곳
- 트라이얼: 12회
- 영어 실력: 하
- 최저 시급: 6 Euro
- 최고 시급: 9.25 Euro
- 총 일해서 번 돈: 6,887유로 (한화 약 900만 원)
- 총 지출한 돈(초기 정착금 제외): 생활비 및 여행 경비 10,806.299유로 (한화 약 1,422만 원)
- 여행간 곳(아일랜드): 더블린/ 브레이/ 호스/ 달키/ 말라하이드/ 그레이스톤스/ 위클로우/ 글랜달록/ 골웨이/ 코크/ 코브/ 슬라이고/ 웩스포드/ 번도란/ 리머릭
- 여행간 곳(서유럽): 네덜란드(8일)/ 벨기에(3일)/ 프랑스(3일)

- 여행간 곳(영국): 잉글랜드(런던 4일)/ 노던 아일랜드(벨파스트 3일)
- 여행간 곳(아프리카): 모로코(5일)
- 경험: 길거리 버스킹(2회)/ 다큐멘터리 제작(3회)/ 길거리 엽서 판매(3회)/ 카우치서핑(4회)/ 히치하이킹(2회)/ 3번의 일 잘림/ 5번의 이사/ 더블린 파티 4회 주최/ 서핑 1회/ 좌절한 경험 수없이/ 운 경험 여러 번/ 외국인과 싸운 적 2번/ 아일랜드의 느린 행정 처리로 화난 적 여러 번/ 걸어가다 갈매기 똥 맞은 적 1번/ 고프로 잃어버린 적 1번/ 내 인생에 큰 이별 1번/ 바람에 비싼 모자 강에 떨어진 적 1번 등 너무 많아서 기억을 못함.
- 비자 발급 비용: 40만 원(아일랜드 현지 비자(GNIB))
- 비행기 값: 95만 원(1년 왕복)
- 초기 정착금: 약 850만 원(왕복 항공권 95만 원 + 홈스테이 1달 100만 원 + 어학원 6개월 315만 원 + 생활비 3개월 300만 원 + 비자 발급비 40만 원)

1년 9개월간 2개국(일본, 아일랜드) 워킹홀리데이 이야기

그동안 일본, 아일랜드
2개국 워킹홀리데이
생활을 담은 영상

2014.3.6.~2015.3.6. 일본 워킹홀리데이

2016.10.24.~2017.7.25 아일랜드 워킹홀리데이

제3부

아일랜드 워킹홀리데이 그 후, 한인 민박 이야기

2017.08.01~2018.01.20

인수인계, 적응

2017.8.1.~8.5 스페인 마드리드 러브 민박

내가 일하는 곳은 스페인 마드리드의 한인 민박이다. '러브 민박'인 이곳은 유럽 전역에 여러 개의 체인이 있고 본점은 크로아티아에 있다.

이제 일한 지 5일째 스태프 인수인계 기간이 오늘로 끝났다. 아침 준비, 인원 보고, 청소, 장보기, 정산, 예약 확인, 체크인, 체크아웃, 자재 파악 등 나 혼자 해야 할 이 모든 것들을 이제 다 배웠다.

07:00~08:00: 기상 및 손님들 아침 식사 준비.
08:00~09:30: 아침 식사 및 인원 보고, 정리
09:30~11:00: 다음 날 요리 준비 및 휴식

11:00~13:00: 청소(욕실, 방, 주방, 복도) 및 빨래(침대 시트 및 수건)
13:00~14:00: 점심
14:00~15:00: 장 보기
15:00~16:00: 다음 날 요리 준비 및 자재 관리
16:00~17:00: 정산 및 예약 관리, 손님 체크인
17:00~: 자유 시간

이런 식으로 나의 일과는 돌아간다.

내가 원하던 민박일이 좋다. 매일 새로운 사람을 만나고 집 앞이 스페인이라는 곳에 나가 삼삼오오 모여 값싼 맥주 한잔할 수 있는 그런 일상이 좋다.

최근 5일간 인수인계를 받으며 일을 한다기보다는 배우는 과정이 재미있었다. 솔직히 피곤하기도 더운 날씨에 지치기도 하지만 주변에 사람들이 있기에 즐길 수 있었던 것 같다.

톨레도

2017.8.9. 스페인 마드리드 러브 민박

　마드리드 솔 광장에서 약 1시간 30여 분을 갔을까? 도착한 톨레도. 황토색 건물들과 미로처럼 얽혀 있는 좁은 골목길은 마치 톨레도의 오래된 역사를 대변하는 듯했다.

　언덕이 많은 톨레도의 구시가지를 따라 양옆으로 상점들이 많았는데 중세풍 무기 기념품들이 가득해 옛날 수없이 치른 전쟁 이야기를 전해 주는 듯했다.

　언덕의 중간쯤 다다랐을까? 눈앞에 보이는 톨레도의 전경은 도화지에 주황색 파스텔을 칠한 듯 온통 주홍빛을 띤 지붕, 문, 건물들이 보였다.

언덕을 따라 올라가다 보니 소코도베르 광장이 나왔다. 이곳이 톨레도 만남의 광장인 듯 톨레도의 중심을 이루고 있었다. 많은 사람들이 휴식을 취하고 있는 모습이 더위에 지친 관광객의 마음을 대변하는 듯 평온해 보였다. 미로처럼 얽힌 골목골목을 지나니 긴 강이 나왔고 강을 따라 이루고 있는 톨레도는 공해가 없는 청정 도시인 것 같다는 생각이 들었다.

터미널에 돌아가는 길 알칸타라 다리가 있었는데 아랍어로 '교량'이라는 뜻으로 오랜 세월 자연재해와 전쟁으로 훼손된 것을 15~16세기에 복구했다고 한다.

여행 중 가이드북을 가지고 다니니 아는 만큼 보이는 것 같다. 눈으로 느끼는 감성도 중요하지만, 지식이 들어간 이성의 눈은 또 다른 배움을 주는 것 같다.

세고비아

2017.8.13. 스페인 마드리드 러브 민박

백설공주 성의 모티브가 된 알카사르 성, 옛 로마 시대 건설한 로마 수도교가 있는 세고비아에 다녀왔다. 저 멀리 백설공주 성의 모델인 알카사르 성을 보자마자 웅장함과 아름다움에 매료되었다. 마치 동화 속 안으로 들어온 듯 전망대에 올라서니 세고비아의 전경이 보였다.

로마 수도교를 보기 위해 다시 좁은 골목길을 지나며 구시가지로 향하는 길, 가까이 다가갈수록 눈앞에 커다란 수도교의 웅장함에 압도당했다. 생각보다 엄청난 크기와 높이에 인간의 능력에 감탄을 금치 못했다. 옛 고대 로마인들이 어떻게 이런 건물을 지었는지 규모와 견고함은 말을 잇지 못하게 했다. 수도교는 이베리아 반도를 점령한 로마인들이 15km 이상 떨어져 있는 아세베다 강물을 마을로 끌어오기 위해 만들었다고 한다. 이 수도교는 세고비아에서 가장 오래된 건축물이며 전체 길이 728m, 최고 높이 약 30m의 2단 아치 모양이며 화강암으로 만들었다고 한다. 돌과 돌 사이에 어떤 접착제도 사용하지 않았다고 하니 그 기술이 놀라울 따름이다. 1884년까지는 물을 흘려보내서 시내에 용수를 조달했고, 1928년부터는 수도교에 수도관을 설치하여 지금까지 수로로 이용하고 있다고 한다.

 같은 크기와 모양으로 저 높은 곳까지 어떻게 쌓아 만들었는지 생각할수록 의문점이 들면서 이보다 더한 이집트의 피라미드나 세계 7대 불가사의를 본다면 어떨지 내 모습을 상상했다.

쿠엥카

2017.8.18. 스페인 마드리드 러브 민박

마을 전체가 세계 문화유산에 등록된 절벽 도시 쿠엥카에 다녀왔다. 쿠엥카는 신시가지와 구시가지로 나뉘는데, 언덕을 따라 올라가다 보면 해발 900m나 되는 곳에 위태롭게 서 있는 건물들이 독특하다.

흐르는 강과 중세풍의 건물들, 속세에서 벗어나 신선들이 살 것만 같은 쿠엥카는 혼자만의 생각을 하고 싶거나 주변 사람 눈치 없이 떠나 여유롭게 쉬고 싶다면 추천하고 싶다.

꽃보다 할배에 나온 버섯 튀김집, 잊지 못할 피아노 아저씨

2017.9.3. 스페인 마드리드 러브 민박

꽃보다 할배에 나온 버섯 튀김집, 잊지 못할 피아노 아저씨

마드리드의 '산미구엘' 시장 뒤쪽으로 조금 가다 보면 'Meson'이라고 쓰여 있는 간판들이 보인다. 이 작은 거리는 늦은 시간까지 야외 테이블에 앉아 거리의 연주 소리를 들으며 맥주와 와인을 즐기는 사람들이 많다. 'Meson'은 스페인어로 술집이라고 하는데 각각의 Meson엔 다양한 음식들이 있다.

그중 '꽃보다 할배'에 나와 유명해진 'Meson del champinon'은 버섯 튀김과 오징어 튀김이 유명하다. 특히, 식당 안에서 피아노를 치며 연주하는 스페인 아저씨가 있는데 한국인이 워낙 많이 와서 그런지 아리랑을 부탁하면 연주해 준다. 심지어 코요태 '순정', 장윤정의 '어머나'와 김범수 '보고 싶다', 이문세 '세월이 가면', 노사연 '만남' 등 아저씨는 한국 노래의 악보를 따로 가지고 있었다.

아저씨의 피아노 연주를 보고 있으면 표정에서부터 행복하다는 것이 느껴졌다. 덕분에 주변에 밥을 먹고 있는 관광객들도 행복한 기운을 느낄 수 있었던 것 같다.

안녕, 마드리드

2017.8.1.~9.8 스페인 마드리드 러브 민박

마드리드 영상

  어느덧 1달이 조금 넘은 기간 마드리드에서의 민박 일이 끝났다.
  공항에 도착하고 민박집으로 가는 길 아무것도 몰랐던 스페인의 첫인상은 두렵기도 설레기도 했던 것 같다. 첫날 민박집 문이 잠겨 있어 호스텔에 묵으면서 동행들과 마드리드의 첫날을 함께했고 한국 유심칩을 잃어버려 정신없이 하룻밤을 보낸 게 생각난다.

  민박 스태프 인수인계를 받던 게 엊그제 같은데 사람들을 손님으로 맞이하며 가족같이 지냈던 기억들이 떠오른다. 가끔 삼겹살과 소주를 먹으며 진솔한 대화를 하기도 했고 특히, 장기 민박으로 온 손님들과 정이 들면서

더욱 친해졌던 것 같다. 첫 민박 일이라 많이 부족하기도 서투르기도 했지만 좋은 사람들이 있었기에 행복한 추억을 만들고 떠날 수 있는 것 같다.

현지 친구들을 만나며 아일랜드에서의 생활과는 다른 스페인 사람들의 모습은 또 다른 문화로 다가왔다.

이제 바르셀로나에서 다시 민박 일을 시작한다. 이번엔 또 어떤 일이 있을까? 어떤 사람들을 만날까?

바르셀로나 전망대, 벙커

2017.9.8. 스페인 바르셀로나 러브 민박

처음 와 보는 바르셀로나. 정말 많은 사람들에게 이곳에 대해서 들었다. 어떤 동생은 '행복'이라는 단어가 바르셀로나에서 나왔을 정도라고 했으며 바르셀로나에서 살아 보고 싶을 정도로 좋았다고 하는 이들도 있었다.

첫날엔 바르셀로나 지점의 스태프 인수인계를 받다 보니 밤늦게 바르셀로나의 전망대를 갔는데, '벙커'라고 하는 현지인들이 가는 곳이라고 한다. 지금은 한국인들에게 많이 알려져 하나의 관광 장소가 돼 버렸다.

카탈루냐 광장에서 4명에서 택시를 타고 약 15분 정도 걸렸을까? 언덕 위로 줄곧 올라가는 모양새를 보니 꽤 높은 것 같았다. 전망대에 도착해 보니 늦은 시간임에도 불구하고 많은 이들이 술과 함께 이야기꽃을 피우고 있었다. 바르셀로나의 무수히 많은 불빛들이 가득 메웠고 저 멀리 바다가 보였다. 오른편엔 웅장한 사그라다 파밀리아 대성당과 몬주익 분수대에서 불빛이 흘러나오고 있었다.

'이게 바르셀로나의 모습이구나.'
몇 초간 넋 놓고 바라봤다. 정말 아름다웠다.

여행지를 갈 때마다 어느 순간부터 '일몰'과 '야경' 보는 것을 좋아하게 됐다. 마지막까지 주황빛을 발하며 조금씩 사라지는 저녁노을을 보면 마음이 편해진다. 묵묵히 제 역할을 다한 해는 사라지고 다음을 준비하듯 달빛이 밤하늘을 비추고, 어두운 하늘아래 도시의 불빛이 밝아지는 모습들은 마치 밝았다 어두워지는 것을 반복하는 우리의 '인생' 같았다.

높은 곳에서 느낄 수 있는 바람과 냄새는 온전히 나에게 집중할 수 있는 고요한 시간인 것 같다. 이 순간, 내가 느끼는 것은 나 또한 세상에서 한없이 작은 존재임이 틀림없다. 이 세상 속에 살아가는 일부분으로서 본능에 최선을 다하면 된다. 열심히 자고, 먹고, 놀고 그러면 되는 것을 높은 곳에 올라서면 힘들게 사는 것이 부질없다는 것을 느끼게 된다.

어두운 바르셀로나의 밤. 동행들과 주섬주섬 맥주와 과자를 꺼내 먹으며 이야기를 꺼낸다. 술과 야경에 취해, 우리는 서로에게 가까워지고 인생의 단맛, 쓴맛을 겪어본 양 감성에 젖는다. 이게 야경이 주는 달콤한 마법인가 보다. 그래서 여행지마다 이번 도시는 어떤 모습의 야경일까 '어린아이'처럼 기대하게 된다.

지중해에 면한 휴양 도시, 시체스

2017.9.10. 스페인 바르셀로나 러브 민박

바르셀로나의 첫 근교 도시 시체스에 다녀왔다. 시체스는 지중해에 면한 해변인데, 예전엔 어촌 마을이었다고 한다. 19세기 후반 부자들의 별장이 들어서면서 고급 휴양지로 변모했고, 자연스레 예술가들이 모여들면서 스페인 모더니즘의 발상지가 됐다고 한다. 지금도 예술가와 미술관이 많아 예술의 도시로 불린다고 한다.

역에 도착하자마자 스페인 음식 타파스로 점심을 간단히 먹고 바닷가로 향했다. 미로처럼 꼬불꼬불한 길을 걷다 보니 저 멀리 푸른 지중해가 보였다. 동해, 서해, 남해를 이루는 태평양은 수도 없이 봤지만 지중해는 태어나 처음 본 순간이었다. 지중해는 그저 먼 나라 이야기인 듯 살면서 많이 들어 봤고 '언젠가 가지 않을까?' 가볍게 생각했지만 실제로 보니 신기했다.

물놀이를 하는 사람들과 선베드에 누워 태닝하는 사람들을 보고 있으니 웃옷을 벗어 던지고 지중해에 뛰어들고 싶었지만 '게이비치'가 있다는 말에 조금 위쪽으로 걸어갔다.

말로만 듣던 게이비치에 오니 정말 많은 사람들이 실오라기 하나 걸치지 않았다. 나체인 상태로 거리낌 없이 웃고 떠들며 해수욕을 즐기는 모습에 멀끔하게 차려입고 해변을 걷는 나만 이상한 사람이 된 것 같았다.

다시 해변을 따라 걸으니 게이비치와는 다른 해변이 나왔고 이곳에서 해수욕을 해야겠다고 결심했다. 자리를 잡고 가져온 비치 타월을 모래 위에 깔고 나니 제법 현지인 같았다. 넘실대는 파도에 한껏 해수욕을 즐기고 있으니 이 순간만큼은 시간이 멈췄으면 좋겠다는 생각을 했다.

세계 4대 성지 몬세라트

2017.9.28. 스페인 바르셀로나 러브 민박

바르셀로나 근교에 있는 몬세라트는 원래 바다 밑에 있었던 지형이었는데 지각 변동으로 인해 지금의 하늘 높이 솟은 바위산이 됐다고 한다. 몬세라트 수도원은 세계 4대 성지로 꼽히며 매년 많은 성도들이 찾고 있다고 한다.

최고 높이 1,238m에 달하는 바위산을 배경으로 숭고한 기품을 뽐내고 있으며 수도원 안쪽에 있는 '검은 성모상(La Moreneta)'은 몬세라트의 상징물로 손에 들린 볼에 손을 얹고 소원을 빌면 이루어진다는 얘기가 있어 소원을 빌려는 사람들의 발길이 끊이질 않는다. 또 약 2,000개의 등산로와 푸니쿨라, 산악열차는 이색적인 경험을 하게 만든다.

몬세라트 수도원, 소년 합창단 '에스콜로니아' 성가대는 하루에 두 번 천상의 목소리로 노래를 한다. 약 1,500대 1의 경쟁률을 통과한 9~11세의 소년만이 이 합창단의 단원이 될 수 있다고 한다.

몬세라트는 천재 건축가 가우디에게 건축적 영감을 준 곳으로 알려진 곳이라 가기 전 기대가 컸다. 산악 열차와 푸니쿨라를 타고 산등성이 위에 올라서서 바라본 몬세라트는 자연 앞에 선 인간이 얼마나 작은 존재인지 느끼게 해주었다.

기암절벽의 신비로운 풍경은 경이로웠고 이 순간, 날 수 있다면 저 멀리까지 비행하고 싶을 아름다운 경치였으니.

바르셀로나에 온다면 몬세라트는 꼭 한번 가 보라고 추천하고 싶다.

드라마 '푸른 바다의 전설' 배경지 토사데마르

2017.10.6. 스페인 바르셀로나 러브 민박

드라마 '푸른 바다의 전설' 배경지 토사데마르. 이민호와 전지현이 추격신을 찍었던 곳이기도 한 이곳은 바르셀로나에서 버스를 타고 남쪽 해안으로 달리다 보면 나온다.

그리스에 온 듯, 마을 안에는 온통 흰색 건물들의 다양한 매력을 가진 토사데마르. 짧은 시간 동안 토사데마르를 느끼기엔 턱없이 부족했다.

집으로 돌아가는 버스 안에서 차창 밖을 보니 산 너머로 뉘엿뉘엿 해가 지고 있었다. 지고 있는 해를 보니 행복했다. 알고 보면 행복은 우리가 생각했던 것만큼 멀리 있는 것이 아니라 가까이 있는 것 같다. 많은 사람들은 그것을 모르고 살아간다. 잠깐 멈춰 서서 고개를 젖혀 푸른 하늘을 볼 수도, 해와 달이 바뀌는 일몰을 볼 수도 있는데 말이다. 작은 것을 바라보고 소중한 것을 바라볼 수 있는 시간이 있음에도 우리는 늘 바쁘다.

안녕, 토사데마르.

스페인의 베네치아, 지로나

2017.10.15. 스페인 바르셀로나 러브 민박

왕좌의 게임 촬영지 지로나. 주변 사람들에게 별로였다는 얘기를 듣고 고민하다가 다녀왔던 지로나는 기대 이상이었다.

황토색 건물을 띤 지로나의 시내라고 하는 곳에 들어가니 웅장한 고딕 양식의 대성당이 위풍당당 서 있었고 예배드리러 오는 사람들의 발길로 문전성시를 이루었다. 이곳에서 기도하면 무언가 이루어질 것만 같은 신비스러운 느낌이었다. 성당 안에 들어가니 외관보다 큰 모습에 놀라움을 금치 못했다. 성당의 높은 천장을 바라보며 작은 내 모습에 경외감을 느꼈다.

마을 안쪽으로 깊숙이 들어가니 흐르는 강물을 따라 아름다운 건물이 테

트리스처럼 빼곡히 서 있는 게 이탈리아의 베네치아를 연상케 했다. 지로나의 시내는 얽히고설킨 미로처럼 되어 있어 마치 한국의 인사동과 같았다. 스페인 특유의 전통을 간직한 채 타임머신을 타고 옛 시대에 온 듯한 느낌이 들게 했다. 광장에는 테라스에 앉아 낮술을 먹으며 여유를 즐기는 사람들과 가족들과 함께 오붓한 시간을 보내는 사람들로 가득 메웠다.

가끔 근교 여행을 통해 스페인의 매력을 깊숙이 느끼는 것 같다.

바르셀로나 언덕 위의 놀이공원 티비다보

2017.10.22. 스페인 바르셀로나 러브 민박

바르셀로나의 놀이공원 티비다보에 갔다. 최근 바르셀로나에 생긴 페라리 월드는 사람들에게 알려졌지만 티비다보는 한국인들에겐 아직 알려지지 않은 신비스러운 장소였기에 궁금했다. 가는 길이 얼마나 복잡한지 지하철과 렌페(기차) 그리고 푸니쿨라(곤돌라)와 버스까지 갈아타고서야 출발 1시간 반 만에 도착할 수 있었다.

약 516m 언덕 꼭대기 위에 있는 자그마한 놀이공원이 있는 것도 신기한 풍경을 자아냈지만, 그보다 더 신비스러웠던 건 거대한 성당이 고풍스러운 모습으로 우뚝하니 서 있던 것이었다. 언뜻 보면 놀이공원보단 놀이 기구와 성당이 어우러져 있는 형용할 수 없는 모양새의 자그마한 부지 같았다.

구름 위 언저리에 걸친 듯 형형색색 대관람차와 그 너머로 보이는 바르셀로나의 전경은 그야말로 하나의 예술작품이었다. 잠시, 설명할 수 없는 이상한 조화의 티비다보를 느끼며 입장권을 끊은 뒤 놀이공원 안으로 들어갔다.

노을이 질 무렵 모노레일을 탔는데, 어두운 공간에서 시작해 미지의 세계로 떠나는 듯 문이 활짝 열리며 세상 밖으로 연결된 모노레일 밖을 본 순간 매직아워의 하늘색과 해가 지고 있는 노을은 말을 잇지 못할 만큼 아름다웠다. 저 멀리 보이는 해변 그리고 바르셀로나의 전경과 함께 산 너머로 들어가는 해의 조화는 시간이 멈췄으면 싶을 만큼 '우와!'라며 감탄사만 연발했다.

이어서 감동의 여운이 가시지 않은 채 대관람차를 탔다. 이미 해는 질 무렵이었고 관람차를 타고 꼭대기 위에 멈춰 있는 순간 보이는 모습을 카메라로 담고 싶었지만, 때마침 배터리가 없어 사진을 찍지 못했다. 이왕 이렇게 된 거 잘됐다 싶어 실컷 눈으로 감상했다. 카메라가 없으니 뷰파인더로 보는 모습보다 맨눈으로 보는 풍경이 더 아름다웠다. 정면에 보이는 타워와 오른쪽엔 밝게 빛나는 초승달 그리고 조금씩 들어오는 건물들의 불빛과 타들어 갈 것만 같은 붉은 하늘은 글 솜씨가 없어 제대로 표현하지 못하는 게 답답할 만큼 내 평생 기억하고 싶은 장면 중 다섯 손가락 안에 들어갈 만큼 아름다웠다. '아…. 살아 있어서 행복하다. 그리고 이렇게 아름다운 풍경을 볼 수 있어서 감사하다.' 외치며 비긴어게인의 애덤 르빈이 부른 'Lost Stars'를 틀었다. 감성에 젖은 채 귓가에 들리는 애덤 르빈의 달콤한 목소리와 함께 보는 풍경은 인간의 언어로 설명할 수 없을 만큼 최고였다. 바르셀로나에 오면 꼭 티비다보에 가서 해가 질 무렵 대관람차를 타라고 권하고 싶다. 평생 살면서 이렇게 아름다운 경관을 볼 수 있을까 싶을 만큼 후회하지 않을 것이다. 누구나 한 번쯤 너무 예쁜 풍경을 보면 눈물이 나올 것 같은 그런 적이 있지 않을까? 나는 그 순간이 지금이었다. 정말 눈물이 나올 것 같았다.

그리고 혼자 보는 게 미안한지 부모님이 생각났다. 외동아들이라고는 밖에서 떠돌아다니며 이렇게 좋은 거 구경하고 다니는데 집에 있을 부모님 생각에 마음이 편치 않았다. 관람차를 돌고 나와 집으로 돌아가는 길 바르셀로나를 떠난다는 생각에 아쉬우면서도 한국에 가면 꼭 부모님과 좋은 곳으로 여행가리라 생각했다.

스페인 바르셀로나 러브 민박 끝!

2017.8.1.~10.25

바르셀로나 영상

사랑, 낭만, 그리고 행복이 깃든 나라 스페인.

연중 내내 날씨가 좋으며 자살률이 적어 지하철에 스크린 도어가 없을 정도로 스페인 사람들의 행복도는 높다.

스페인의 문화 '씨에스타(점심시간에 자는 것)'라는 것도 알게 되어 스페인 사람이 된 듯 씨에스타를 즐겼다. 하루에 다섯 끼를 먹어서인지 밤 10시부터 집 밖으로 나와 문화생활을 즐기는 스페인 사람들을 보며 한국과는 다른 여유를 느낄 수 있었다.

아일랜드 생활을 통해 날씨 영향을 많이 받는 내가 3개월간 스페인에 살며 참 행복을 느끼고 가는 것 같다.

바르셀로나는 '사랑'이다.

아이슬란드의 수도 레이캬비크

2017.10.25.~31 in Iceland 10.25

아이슬란드 여행 영상

지인들과 레이캬비크를 시작으로 렌터카로 여행할 계획이었다.

보라색 하늘이 레이캬비크를 둘러싸고 건물 사이로 보이는 호수와 산들은 아이슬란드의 대자연을 여실히 보여 주고 있었다.

아이슬란드 풍경 영상

레이캬비크의 상징 할그림스키르캬 교회에 간 순간, 초현실적인 장면이 눈앞에 펼쳐졌다. 주상 절리를 모티브로 만든 우뚝 솟은 교회 옆엔 밝게 빛나는 초승달이 있었고 오른 편엔 주황색 하늘이 떠 있었다. 말도 안 되는 풍경의 연속이었다.

아이슬란드, 팅크베틀리르 국립공원, 게이시르와 굴포스

2017.10.25.~31 in Iceland 10.26

　숙소를 나와 처음으로 향한 곳은 세계 문화유산에 등록된 팅크베틀리르 국립 공원. 흡사 한국의 순천만 습지랑 비슷하면서도 그보다 못하다는 생각을 했다. 역시 한국이 아름답긴 하나보다. 간단히 둘러보고 나온 뒤 아이슬란드에서도 손꼽히는 관광지 중 하나인 게이시르에 갔다.

　게이시르는 간헐천이라고 하는데 부근에는 온천이나 작은 간헐천이 많아 유황 냄새가 진동한다. 호기심에 흐르는 물에 손을 넣으니 물이 따뜻했다. 간헐천의 활동은 지진 활동과 지각 변동 등과 밀접한 관련이 있다고 하는데 전문적인 지식보다는 꽃보다 청춘에 나온 것처럼 갑자기 분출하는 가장 큰 간헐천에 관심이 갔다. 이때, 부글부글 끓던 간헐천이 약 60m 높이로 솟아올랐다. 정말이지 순식간이었다.

다음으로 간 곳은 굴포스. 신의 폭포라고 불리는 이 폭포는 30m 너비 높이는 32m로 실제로 보면 그 크기를 가늠할 수 있다. 멀리서부터 굴포스를 본 순간 광대함에 넋을 잃을 수밖에 없었다. 큰 굉음을 내며 떨어지는 폭포 소리와 튀어 오르는 물방울은 굴포스의 위엄을 여실히 보여주고 있었다. 굴포스에 다가갈수록 꽃보다 청춘에 나온 배우들의 놀라워하는 모습이 생각났다. 마치 불을 내뿜는 고질라의 입 안으로 들어가는 것처럼 집어삼킬 듯한 폭포 소리와 강물의 빨려 들어갈 것 같은 유속은 인간의 몸으로서 압도당할 수밖에 없었다. 카메라에 담기엔 엄청났기에 눈으로 감상할 수밖에 없었다.

아이슬란드, 고요함 속의 대자연

2017.10.25.~31 in Iceland 10.27

    아이슬란드를 한마디로 표현한다면 '고요함 속의 대지'라고 할 수 있겠다. 저 수평선 멀리 끝없이 펼쳐지는 불모지와 어느 것 하나 걸리는 것 없는 풍경은 이 땅에 살아 숨 쉬는 모든 숨결이 멈춰 있는 듯 대자연의 겸허함을 배우게 되는 것 같다. 특히, 천 년이나 지나온 이끼들이 있다는 것에 가장 인상 깊었다.

    인간은 한없이 작은 존재라는 것을 여럿 여행지에서 느꼈지만 이곳만큼은 세상을 살면서 무엇을 삶의 가치로 여길 것인지 사색하게 만드는 것 같다. 이따금 이런 풍경들을 넋 놓고 보고 있자니 지난날들과 앞으로의 미래를 진지하게 생각하게끔 만드는 것 같다.

아이슬란드, 요쿨살론과 디르홀레이 그리고 오로라

2017.10.25.~31 in Iceland 10.28

    이름 그대로 '빙하의 강'이라는 뜻의 천 년이 넘은 요쿨살론은 아이슬란드의 대표적인 빙하 호수다. 빙하가 녹아 생긴 호수 위로 아직 녹지 않은 유빙들이 섬들처럼 떠있는데 실제로 보면 그 크기가 어마어마하다는 것을 알 수 있다. 현재 바다 가장자리에서 1.5km 떨어져 있으며 많은 할리우드 영화의 배경이 되기도 한 요쿨살론.

    이곳에 도착하자 눈앞엔 말도 안 되는 광경이 펼쳐졌다. TV에서만 보던 빙하가 여기저기 떠 있었고 갑자기 쿵! 하는 소리와 함께 거대한 빙하가 호수 밑으로 가라앉는 것을 보게 됐다. 말로만 듣던 빙하가 이렇게 거대하고 웅장할 줄 몰랐다. 빙하 투어를 신청해 보트를 타고 유빙이 떠다니는 호수를 체험할 수도 있지만 보는 것만으로 만족했다. 실제로 만져본 작은 빙하

는 차갑고 단단했다. 타이타닉호가 빙하에 부딪혀 침몰한 이유를 알 것만 같았다. 앞으로 빙하를 언제 볼지 모를 것만 같아 만져도 보고 깨물어도 보며 온몸으로 느꼈다.

빙하의 여운이 가시지 않은 채 다음으로 이동한 곳은 작은 마을 비크. 이곳에 검은 모래 해변 디르홀레이가 있다. '꽃보다 청춘'이 다녀간 곳이기도 한 이곳은 방송에서 보던 것과 같이 성난 파도와 커다란 주상절리 그리고 검은색의 모래 해변이 함께한 기이한 풍경을 묘사했다.

오늘도 저녁 식사와 술자리를 하며 오로라를 보길 희망했다. 오로라 지수를 수시로 확인하며 창밖을 본 순간 저 멀리 오로라인 듯 아닌 것 같은 게 하늘에 떠 있었다. 일행들에게 말한 순간 유진 누나가 '오로라야!'라며 밖으로 나가자고 했다. 우린 헐레벌떡 밖으로 나갔고 초록색 오로라가 저 멀리 희미하게 떠 있었다. 맨눈으로 잘 보이지 않아 카메라로 사진을 찍으니 선명한 초록색 오로라가 분명하게 보였다. 육안으로 흐릿해서 그런지 방송에서 보던 것과 같이 큰 감동을 느끼지 못했지만 생에 첫 오로라를 보며 버킷리스트를 달성한 순간이었다.

우리의 처음이자 마지막 오로라였다.

아이슬란드, 케리오 화산과 블루라군

2017.10.25.~31 In Iceland 10.30~31

여행의 마지막 날 화산 분화구 호수인 케리오에 갔다. 화산이 분출한 흔적이 있는 분화구는 무려 약 3,000여 년 전에 생겼다고 하는데, 화산이 폭발했을 당시 어땠을까 상상했다.

아이슬란드의 마지막 여행지 블루라군을 향해 가는 길. 기대감과 설렘이 다가왔다. 왜냐하면 주변에서 아이슬란드를 다녀온 사람들이 오로라만큼 블루라군은 정말 최고라고 칭송했기에.

블루라군은 아이슬란드 케플라비크 공항 근처에 있는 지열 스파 시설이다. 이곳은 화산암과 검정 모래사장으로 둘러싸여 있으며 사람이 만들었지만, 원래 있었던 것처럼 아이슬란드에 자연스럽게 녹아들었다. 면적이 5,000평방미터에 달하는 거대한 옥외 지열 욕장은 천연 무기염류와 수초가 풍부하며, 피부병, 특히 마른버짐에 효과가 좋은 것으로 알려져 있다고 한다. 수증기가 뿌옇게 피어오르는 푸른 물은 그 온도가 40℃에 이르며, 물 색깔이 신비스럽기만 하다.

'아이슬란드'라는 나라는 한 번으로 오기엔 부족한 것 같다. 왠지 이곳만큼은 사계절을 모두 보내 보고 싶다는 생각을 해본다. 대자연과 사람들의 높은 행복 지수. 그리고 지열을 이용해 삶을 살아가는 지혜로운 사람들.

오래전 '월터의 상상은 현실이 된다' 영화를 보고 아이슬란드에 가고 싶다는 생각을 했고 '꽃보다 청춘'을 보고 나도 저기 있고 싶다는 생각을 했다.

영화의 주인공 월터가 스케이트보드를 타고 아이슬란드의 도로를 달릴 때의 장면과 꽃보다 청춘의 배우들이 오로라를 보고 감동에 젖었던 모습은 아직도 잊히지 않는다.

　그리고 지금, 꿈에 그리던 아이슬란드에 왔고,
월터의 상상은 현실이 됐다. 그리고 용주의 상상도 현실이 됐다.

런던 생활

2018.1.3. 영국 런던 러브 민박

런던에서의 한인 민박 스태프 생활은 금방 적응이 됐다. 손흥민 선수가 나오는 프리미어 리그 경기를 보기도, 런던아이에서 18년 새해를 맞이하기도 그동안에 여정을 돌아보는 시간을 가질 수 있는 소중한 시간이라고 생각이 든다. 요즘 '어서 와~ 한국은 처음이지?'라는 프로그램을 보고 있다. 여행 관련 프로그램 중 '꽃보다 청춘'을 챙겨 본 이후 오랜만에 보는 TV 프로그램이다. 외국에 살고 있는 나로서는 가장 공감할 수 있는 프로그램인 것 같다. 비정상회담에 나오는 친구들이 고국의 친구들을 한국에 초대해 좌충우돌 한국 여행기를 방송으로 담백하게 담아내는 것이 참 유익한 것 같다. 내가 다른 나라에 갔을 때 느꼈던 감정과 행동을 대변하는 듯 마치 내 모습을 보는 것 같았다. 특히, 1회 방송에서 나온 이탈리아 친구들이 서울의 남산 타워에 갔었는데 서울을 한눈에 바라봤을 때 이렇게 큰 도시인 줄 몰랐다고 했던 장면이 있다. 여행 중 대부분 그 도시에 가면 골목 골목 돌아다니는 터라 위에서 바라보는 도시의 모습은 또 다른 세계를 나타낸다. 그래서 그 도시를 한눈에 조망할 수 있는 곳에 가서 도시의 규모를 느껴보는 것도 좋은 것 같다.

그래서 미리 예약했던 스카이 가든에 갔다. 런던에 있는 전망대 같은 곳인데, 360도 통유리창으로 되어 있고 런던의 시내를 한눈에 내다볼 수 있는 곳이다. 요즘 집 안에만 있어 답답했었는데 런던이 이렇게 아름답고 큰 도시인지 새삼 깨닫게 된 것 같다.

'내가 세계 3대 도시 런던에 살고 있었구나.'

　2회 방송에 나온 멕시코 친구 크리스티안은 2년간 한국에 살면서 힘들었다며 오랜만에 만난 친구들 앞에서 펑펑 운다. 이 장면에서 나도 모르게 눈물을 훔쳤다. 1년 9개월간 일본과 아일랜드에서 살았던 기억이 주마등처럼 스쳐 지나갔다. 외국에서 먹고 살아간다는 것이 얼마나 외롭고 힘든 것인지 알고 있기 때문일까? '어서 와 한국은 처음이지'라는 프로그램은 한국을 다른 시선으로 볼 수 있게 하며 한국이 얼마나 살기 좋은 나라인지 알게 만드는 정말 좋은 프로그램인 것 같다.

러브 한인 민박 끝!

2017.8.1.~2018.1.20.

어느덧 민박집에서 일한 지 6개월이 지났다. 스페인 마드리드에서 1개월 반, 바르셀로나에서 1개월 반 그리고 영국 런던에서 3개월 생활을 마무리 짓고 떠난다.

사실, 민박 일을 시작하게 된 계기는 갑작스러웠다. 아일랜드 생활을 접고 잠시 한국에 5일간 머물며 급하게 일자리를 알아보던 중 다시 외국으로 나갈 생각과 민박 일을 하고 싶다는 뜻이 맞아 비행기 표를 끊고 편도 약 110만 원에 무작정 마드리드로 갔다.

민박 일을 하며 만난 약 300명의 사람들.

정이 많아 쉽게 정이 들고 또 헤어짐이 쉽지 않았지만 민박일 특성상 어쩔 수 없이 슬픔을 뒤로한 채 많은 손님들을 떠나보내야 했다. 그래도 그들 중 일부는 지금도 연락하고 지내며 종종 안부를 묻곤 한다.

스페인 생활 3개월, 영국 생활 3개월.
성별, 직업, 나이 불문 정말 다양한 사람들을 만난 것 같다.

다양한 가치관을 갖고 있는 사람들을 통해 간접적으로 많은 것을 배웠다. 그리고 돈으로 살 수 없는 좋은 친구들을 얻었다.
6개월간 요리 실력도 늘고 사람 대하는 법도 배웠다. 무엇보다 혼자 민박집을 경영하면서 집을 관리하는 것이 쉽지 않다는 것을 느꼈고 시행착오도

겪었지만 이 경험이 앞으로 게스트하우스 창업에 있어서 큰 밑거름이 될 것 같다.

가끔 외로움을 못 이겨 현지 친구들을 사귀기도 또는 동행을 구하며 근교 여행으로 생각 정리를 하기도 했지만 힘든 일보다 행복했던 추억이 많았기에 떠나는 데 아쉬움이 큰 것 같다.

길고도 짧았던 민박 생활 6개월.
러브 한인 민박에서 일했던 추억을 평생 간직하며 살 것이다!

앞으로는 무계획 여행을 할 예정이다.

제4부

무계획 유럽 여행
(유럽에서 시베리아 횡단 열차 타고 한국까지)

2018.01.21~2018.02.21

스코틀랜드, 에든버러

2018.1.27. 무계획 유럽 여행 D+1

아침 일찍 런던에서 버스 타고 10시간을 달려서야 에든버러에 도착했다. 오랜만의 여행길을 신고하는 듯 버스 안 차창 밖으로 보지 못했던 눈보라가 몰아쳤고 밤늦게 도착한 에든버러는 차갑고 어두웠다. 카우치서핑을 하기 위해 알려 준 주소로 향하는 길 정류장에서 버스를 기다렸다. 런던엔 오이스터 카드라는 교통 카드가 있다면 에든버러엔 무조건 현금만 받을뿐더러 1.6파운드면 어디든 갈 수 있다고 한다. 5파운드 지폐밖에 가지고 있지 않아 운전기사에게 내밀며 거스름돈을 요구했지만 동전이 없다며 탑승 거부를 당했다. 주변에 있는 피시앤칩스 가게에 가서 동전으로 환전을 한 뒤에야 버스를 탈 수 있었다.

한참을 헤매 찾아온 호스트의 집. 문을 열자 금발머리에 환한 미소로 반갑게 맞이하는 Ela와 수줍어하는 10살 딸아이가 서 있었다. 오랜 여정으로 지쳐 있었지만 잘 도착했다는 안도감과 친절한 Ela 앞에서 피곤이 눈 녹듯 사라졌다. 간단히 짐을 풀고 Ela와 이야기를 나눴다. 폴란드 출신의 Ela는 딸아이와 에든버러에 정착한 지 3년이 됐다고 한다. 3개의 직업을 가지고 있는 Ela의 본업은 뷰티 마사지. 손님들이 집으로 오면 마사지 또는 헤어, 네일 등을 해 준다고 한다.

Ela는 다양한 나라에서 온 사람들을 만나고 싶어 작년부터 카우치 호스트를 하기 시작했는데 여행객으로 온 사람들 중 카우치서핑을 단순히 공짜로 자기 위한 수단으로 이용한다는 것이 싫었다며 예전에 온 여자 게스트 이야기를 해 줬다. 오자마자 핸드폰만 주구장창 만지다가 다음 날 아침 일찍 공항에 갔다고 하는데 여긴 '에어비앤비' 또는 '호스텔'이 아니라며 그럴 거면 숙박업소에 가지 그랬냐는 얘기를 했다. Ela가 생각하는 카우치서핑은 다른 나라에서 온 다양한 사람들과 종일은 아니더라도 이야기 나누며 서로의 나라에 대해 알아 가고 가끔은 여행도 하면서 문화를 교류하는 것이었다. 사실, 나도 처음 카우치서핑을 했을 땐 문화 교류라는 그럴싸한 이유 앞에 돈을 절약하기 위한 수단으로 생각했었다. 당시 친절하게 대해 준 네덜란드 호스트를 만난 후, 카우치서핑에 대한 생각이 완전히 바뀌었고 그 부분에 대해 아직도 카우치서핑을 잘못 이용하고 있는 여행객이 있어 씁쓸함이 밀려왔다.

우리의 이야기는 사뭇 깊어졌고 서로의 나라에 대해 설명하며 알아갔다. 폴란드라는 나라는 한 달 평균 월급이 최저 임금으로 160시간을 일해봤자 한화로 약 62만 원밖에 못 번다고 한다. 이에 반해 보험료와 집값, 그리고 물가는 비싸서 살기 어려운 나라라고 폴란드 정부를 욕했다. 그래서 폴란드 사람들은 대개 시급이 센 영국이나 북유럽, 서유럽권으로 많이 온다고 한다. 불현듯 대한민국은 참 살기 좋은 나라라는 것을 비교하게 되니 안타까웠다. 이야기를 나누다 Ela의 팔목에 'unbreakable'이라는 타투가 눈에 띄어 의미를 물었다. 사전적 의미로 '깨지지 않는'이었다. Ela는 주변 환경이나 사람들이 자기를 힘들게 짓누를수록 더 강해질 거라는 의미를 담았다고 한다. 가만히 그 얘기를 들으며 Ela의 가정사까지 들으니 여태까지 얼마나 강인하고 열심히 살았는지 그동안의 발자취를 작게나마 느낄 수 있었다.

내일 일정에 대해 이야기를 나누다 해리포터 촬영지 에든버러 성의 입장료가 17파운드나 한다는 얘기를 듣고 비싸다는 생각에 안 가기로 결심했다. 그러자 박물관과 성을 좋아하는 Ela는 매달 지불하는 에든버러 문화재

카드를 소지하고 있으니 내일 이걸 가지고 성에 가라고 건넸다. Ela라는 여자 이름이 적혀 있지만 입장할 때 제대로 검사하지 않는다며 여자 친구 것을 빌렸다고 두루뭉술하게 이야기하면 들여보내 줄 기라고 했다. Ela의 세심한 배려에 그저 고마울 뿐이었다. 아침엔 일찍부터 딸아이 학교에 데려다줘야 한다며 느긋하게 있다가 알아서 나갔다 오라며 화장실과 주방 사용법을 알려 줬다.

종일 버스 안에 있어 피곤했지만 Ela의 친절함에 차가웠던 에든버러의 첫날이 따뜻하게 느껴졌다.

마법 같았던 에든버러

무계획 유럽 여행 D+2~3

이상한 소리에 잠을 뒤척이며 혹여, 귀신이 아닐까 겁 많던 나는 나중에서야 Ela가 말해 줘서 스코틀랜드에 쥐가 많다는 것을 알게 됐다. 심지어 소파도 펼쳐서 잘 수 있었다는 것을 알고는 머리가 나쁘면 몸이 고생한다는 말을 불과 몇 시간 동안 온몸으로 느낄 수 있었다. 가져온 라면으로 간단하게 끼니를 때우고 Ela가 준 멤버십 카드로 17파운드짜리 에든버러 성을 무료입장할 수 있었다.

'에든버러 성'은 산 위에 있어 사방이 훤히 내려다보여 전망이 좋다. 곳곳에 대포가 있는 걸 보니 전쟁 당시 수비를 위해 세웠다는 것을 예상할 수 있었다. 에든버러 성에서 만난 동생과 동행을 하기로 하고 로열 마일로 향했다. 'Royal Mile'은 에든버러 성에서부터 홀리우드 궁전까지 이어져 있

는 거리를 말하는데, 이름처럼 예전에는 평민들은 밟을 수 없는 왕가 전용 도로였다고 한다. 이 시대에 와서 걷고 있는 이 거리의 역사를 알게 되니 복잡한 감정이 교차했다. 한편으로 스코틀랜드엔 염소 털을 능직으로 만든 '캐시미어'와 '스카치위스키'가 유명한데 로열마일 곳곳에 상점들을 볼 수 있었다.

 스코틀랜드의 명문대 에든버러 대학교는 발 도장만 찍고 아서 시트로 발걸음을 옮겼는데, 약 250m 되는 이곳의 정상에선 에든버러가 한눈에 보인다. 하이킹하듯 오랜만에 언덕길을 오르며 전날 눈과 비가 많이 와서 그런지 온통 진흙탕으로 뒤덮여 있어 미끄러웠다. 아니나 다를까 올라가는 길에 제대로 고꾸라져 온몸에 진흙물을 묻히고서야 언덕에 다다를 수 있었다. 정상에서 바라본 항구 마을 리스가 보이는 곳으로 펼쳐진 아름다운 무지개와 광활한 에든버러의 모습은 아직도 잊을 수 없다.

 올라갔다가 내려오는데 두 시간 남짓 세 번을 더 넘어지고서야 제대로

된 땅을 밟을 수 있었다. 늦은 점심을 피자로 때우곤 칼튼 힐로 향했다.

　우리는 흔히 사진을 찍을 때 파노라마 형식으로 아름다운 풍경을 한 번에 담으려고 하는데 '파노라마'라는 용어가 칼튼 힐에서 조망한 도시 전경을 묘사할 때 자주 쓰였다고 한다. 실제로 파노라마 발명으로 1787년에 특허를 낸 스코틀랜드인 로버트 바커(Robert Barker)는 칼튼 힐에서 내려다본 에든버러 풍경에서 영감을 얻어 이 기술을 개발했다고 하는데, 그다지 높지도 않은 이 언덕에 서면 360도 파노라마로 신시가지, 구시가지, 에든버러 성과 홀리루드하우스 궁전, 항구 마을 리스와 아서 시트까지 내다볼 수 있다. 어둑해지는 에든버러의 저녁 연인들도 이곳으로 몰려와 사진을 남기며 아름다운 전경을 감상하고 있었다.

　해가 지고 밤이 된 에든버러의 구시가지는 내가 상상했던 그런 에든버러였다. 마법사들이 지팡이를 타고 날아다닐 것만 같고 마치 덤블도어가 나

타나 마법사의 상점을 보여줄 것만 같은. 건물들이 하나같이 고풍스럽고 아름다웠다. 유럽 여행을 하다 보면 비슷한 건물들에 별다른 감흥이 없을지 모르겠지만 에든버러만큼은 달랐다. 해리포터 촬영장에 서 있는 듯 주변이 온통 마법이었다. 여태까지 에든버러를 돌아다니며 약간의 실망이 있었지만 그런 생각이 완전히 뒤바뀔 만큼 에든버러의 밤은 황홀했다.

저녁은 Ela가 만들어 준 또띠아를 먹고 나는 가져온 비빔면을 대접했다. 매워하는 로라는 먹지 못했고 Ela 또한 맵다며 손사래를 쳤다. 원래 불닭볶음면을 주려다 안 줬다는 걸 안도하며 결국, 내 입으로 들어가 버렸다. 나도 무언가 해 주고 싶어 귀여운 로라에게 간단한 마술을 보여 주니 신기해하며 어떻게 했는지 알려 달라 했지만 이건 'Magic'이라며 안 알려 줬다. 그러니 자기도 마술사라며 'What is ur favorite color?'라고 물었고 'I like black.'이라고 답하니 내가 좋아하는 색을 맞춰 보겠다며 'umm…. Black.'이라고 답했다. 그저 귀여운 로라 앞에서 'Oh! How did u know!

I was surprised.' 놀란 척 맞장구를 칠 수밖에 없었다.

Ela와 로라 덕분에 마법 같은 기억을 가지고 에든버러를 떠날 수 있어 감사하다.

안녕, 프라하

2018.1.24.~2.1 무계획 유럽 여행 D+4~12

맥주 마시는 영상

프라하 공항에 도착한 첫날.
한국말로 '어서 오세요'라고 적혀 있던 간판과 우버를 타고 숙소에 가는 길 젊은 체코 친구 운전자는 프라하에 온 걸 환영한다며 반겼다.

프라하의 좋았던 첫인상은 떠날 때가지 변하지 않았다.

1일 1 코젤과 꼴레뇨는 환상의 궁합이었고 싼 물가로 지금껏 여행했던 도시에 비해 사치를 부릴 만큼 머물수록 매력적이고 사랑스러운 그런 도시였다.

늦장 부리다 뉘엿뉘엿 밖에 나가 사진을 찍다 보면 그림 같은 노을과 주황색 지붕, 빨간색 트램과 오롯이 밝게 빛나는 프라하성은 카메라를 들 필

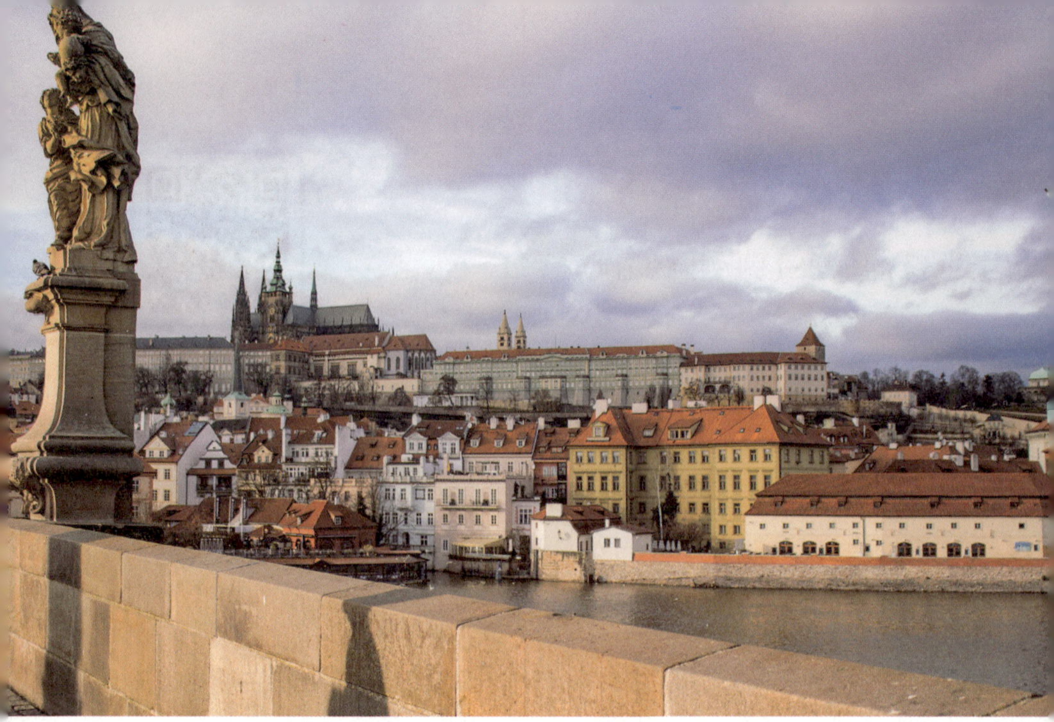

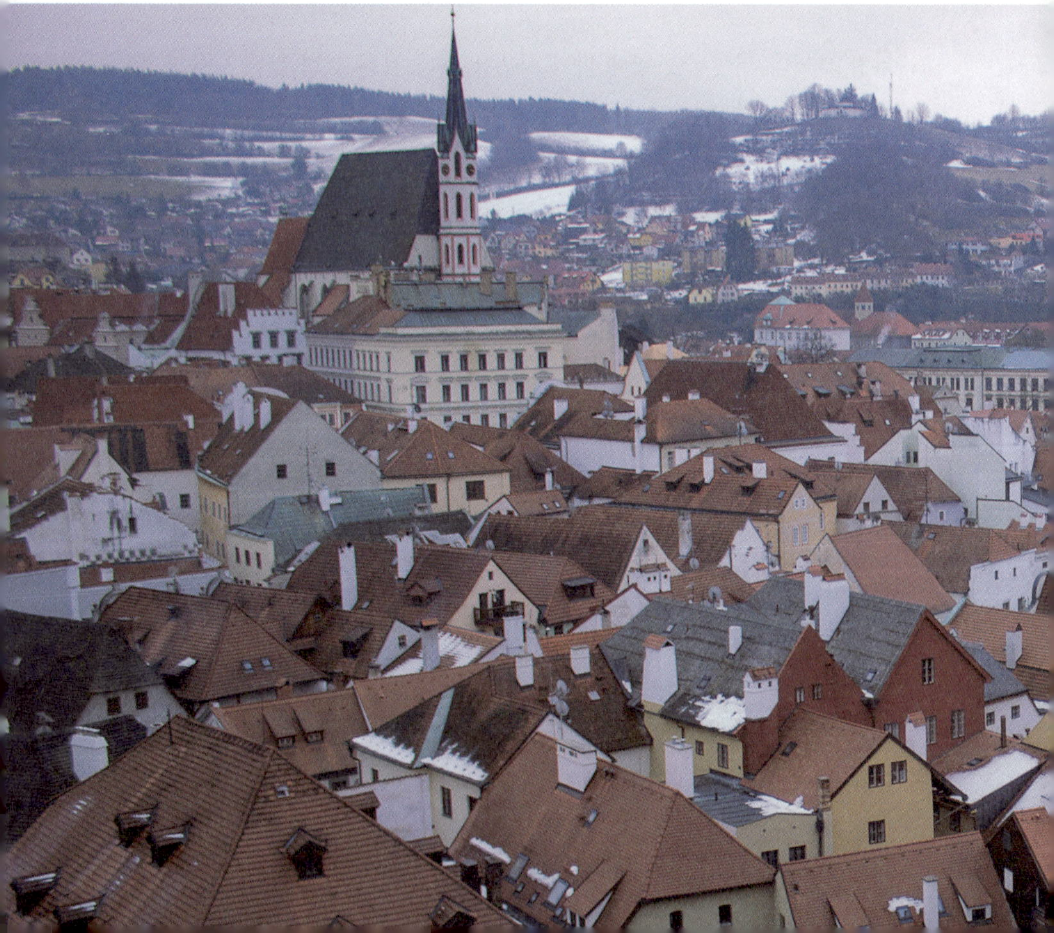

요가 없었다.

 까를교를 거닐며 소원도 빌어 보고, 행위 예술을 하는 사람들을 보며 감상에 젖기도 하고, 거위와 셀카 한번 찍어 보겠다며 다가가니 냅다 도망갔지만 동화 같은 풍경 속에 매료될 수밖에 없었다.

 그동안 상상했던 유럽의 알록달록하고 아기자기한 이미지가 딱 맞았던 프라하.

 나는 프라하가 좋았다.

 무계획으로 여행 하다 보니 프라하에 더 머물고 싶어 일자리를 알아봤고

두 곳의 여행사에서 면접을 본 후, 숙식 제공과 취업 비자 지원까지 해 준다는 얘기가 나왔지만 낮은 급여를 받으면서 일하고 싶지는 않았다.

그래서 프라하에 살 생각으로 마음의 준비를 했었지만, 다시 계획 없이 떠날 생각과 여행자의 신분으로 돌아가야 한다니 귀찮음이 밀려왔다.

현실과 여행의 경계가 무너진 요즘 '일상을 여행처럼'이라 싶지만 이제 조금씩 지친다. 하지만 여행 중 만날 사람들과 풍경을 기대하며 다시 떠나는 이상한 나를 보고 있자면 이런 내가 밉지는 않나 보다.

안녕, 프라하.

오스트리아, 잘츠부르크

2018.2.2. 무계획 유럽 여행 D+13

웅장한 알프스 산맥과 할슈타트.
영화 '사운드 오브 뮤직'의 배경지이며 모차르트의 고향인 예술과 낭만이 있는 도시 잘츠부르크.

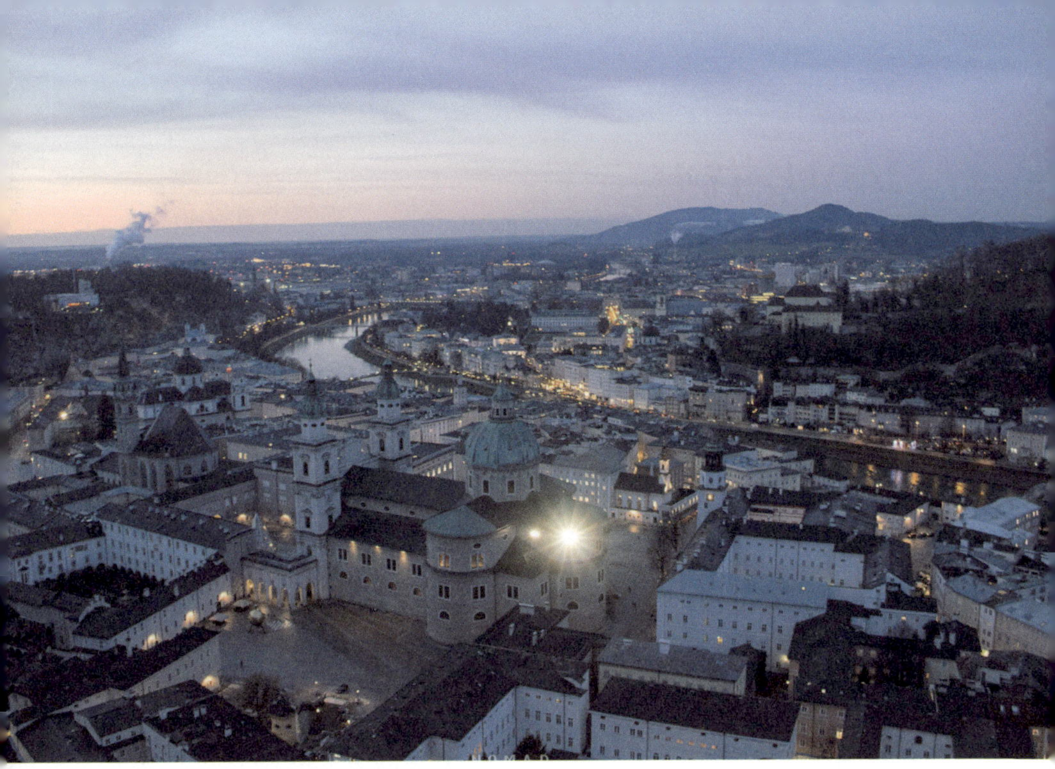

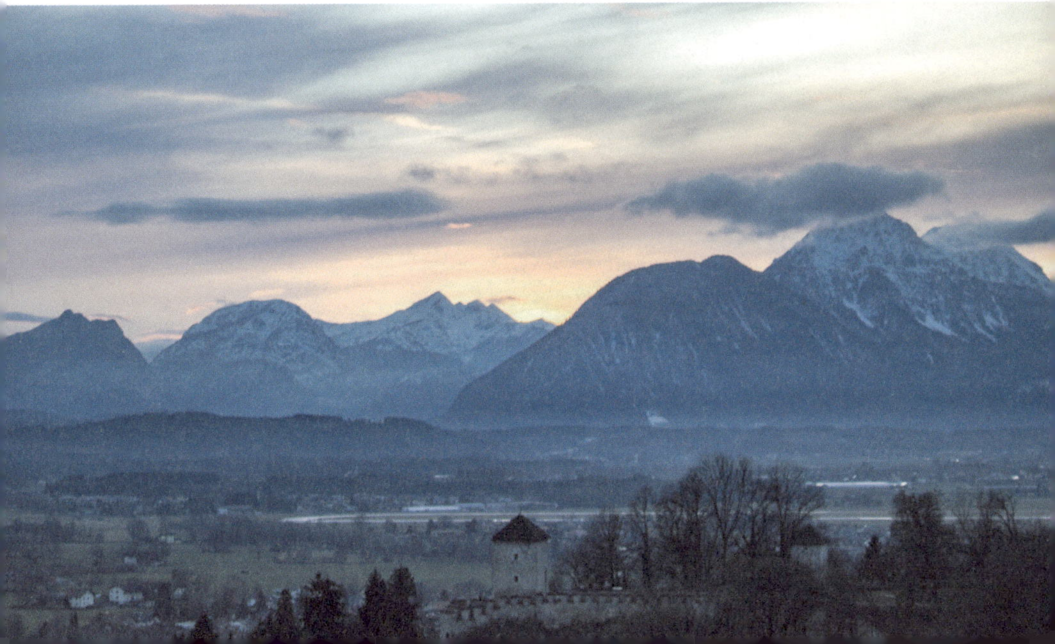

오스트리아, 할슈타트

2018.2.3. 무계획 유럽 여행 D+14

여행자들이 다들 가 보라고 추천하던 할슈타트에 드디어 다녀왔다.

사실 할슈타트를 가기 위해서 프라하에서 비엔나로 안 가고 잘츠부르크로 왔었다.
그렇게 잘츠에서 1박을 지낸 후 기나긴 여정 끝에 도착했지만 많은 안개와 눈으로 앞도 보이지 않아 실망을 감출 수 없었다. 알고 보니 바로 전날은 날씨가 좋았다고 하더라.

그런데 많은 눈이 온 할슈타트는 생각보다 예뻤다.
오히려 눈이 많이 온 할슈타트에 와서 다행이다.

세계 문화유산에 등재된 아름다운 할슈타트는 사랑이다.

안녕, 오스트리아

2018.2.2.~4 무계획 유럽 여행 D+13~15

할슈타트에서 비엔나 가는 길

웅장한 알프스 산맥과 예술과 낭만이 있는 나라 오스트리아.

오기 전엔 몰랐다.
독일어를 사용하는 나라인지,
걸출한 예술가들을 배출한 나라인지,
잘사는 나라라 물가가 비싼지,
세계 3대 오페라로 유명한지,
비엔나 립이 맛있는지,

우리나라와 같은 220V 전압을 쓰는지,

유럽 국가 내에서도 나뉘는 동유럽, 서유럽, 북유럽.
그중 동유럽에도 여러 나라가 있다.

오스트리아는 단지, 발 도장만 찍고 지나가는 것이 아닌 배움을 주는 교육의 현장이 되었다.

아는 만큼 보이는 것은 진리이며
세상은 넓고 아직 경험할 건 많다.

안녕, 헝가리

2018.2.5~7 무계획 유럽 여행 D+16~18

비엔나에서 부다페스트로 가는 길.
버스 안에서 바라본 차창 밖의 노을을 잊을 수 없다.

기나긴 외국 생활을 하며 어쩌면 당연할지도 모르는 것들을 이제는 눈여겨보려 하고 감사하게 생각하려 한다.

모든 것에 영원한 것은 없기 때문이다.

부다페스트에 있는 동안 사실 한 건 별로 없다. 단지, 도나우강 위로 각각 별개의 지역이었던 '부다'와 '페스트'를 최초로 연결해서 하나의 생활권으로 묶이게 만든 세체니 다리가 만들어져 현재의 부다페스트가 되었다는 역사적 사실을 알게 되었고 여유롭게 온천을 즐기며 어부의 요새 위에서 야경을 본 것 말고는.

그러나 비엔나에서 부다로 오는 버스 안에서 친해진 누나와 부다의 일정을 함께하고 러시아까지 같이 가게 될 줄 알았을까?

소중한 인연이 또 생겼다.
그리고 부다에서 눈부신 야경만큼
아름다운 추억을 쌓았다.

안녕, 러시아 모스크바

2018.2.8.~10 무계획 유럽여행 D+19~21

러시아는 입국 심사가 까다롭고 늦기로도 유명하며 심지어 나가는 티켓이 없으면 입국을 거부당할 수도 있다는 말에 지레 겁을 먹었지만 와 본 적 있는 누나 덕분에 빨리 끝내고 들어갈 수 있었다.

영국을 시작으로 계획 없이 여행하다 보니 러시아까지 오게 됐고 동쪽으로 계속 이동하고 있다.

사실 부다페스트에서 누난 내게 '너는 계획 없이 여행하면서 우유부단하면 안 된다며 목적지를 정할 땐 망설이지 말고 고! 하라'며 일침을 놓았고 무계획 여행에 대해 돌아보게 됐다.

러시아에 있는 동안 보고 느낀 것

1. 모든 지하철과 건물에 들어갈 때마다 수화물 검사를 한다.
2. 문은 한국과 달리 무거워 여닫을 때 힘들다.
3. 날씨는 생각한 것만큼 춥지 않다.
4. 러시아 사람들은 초면에 웃으며 이야기하는 게 예의에 어긋난다고 생각한다.
5. 엘프 같은 미녀가 많다.
6. 젊은 사람들을 제외하곤 영어를 아예 모른다.
7. 지하철이 영국과 비슷하게 지하로 쭉 내려가며 미로같이 복잡하다. 좋은 점은 새벽 1시까지 운행한다.

8. 물가가 한국보다 싸다.
9. 화장실은 갈 때마다 돈을 낸다.
10. 러시아 사람들은 초반에 경계하다 친해지면 다 퍼 준다.

모스크바를 떠나며 여행이 막바지에 갈수록 몸이 점점 망가지고 있는 것 같다.

부다페스트에서 쌍코피를 흘렸고 걷기만 해도 체력이 따라 주지 않은 걸 보니 이제 내 몸도 한계가 오는 것 같다.

러시아, 시베리아 횡단 열차 1

2018.2.11. 시베리아 횡단 열차 D+1

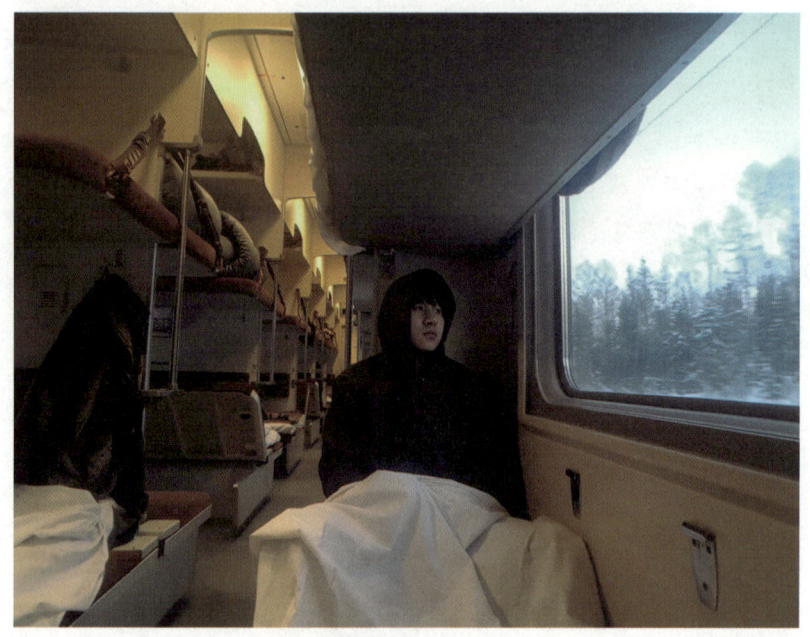

시베리아 횡단 열차는 유럽의 모스크바와 아시아의 블라디보스토크를 잇는 총 길이 9,334km의 열차로 지구 둘레의 4분의 1에 가까운 거리이며 지나가는 주요 역만 59개다.

기차를 타고 가는 동안에도 시간대가 일곱 번이나 바뀌며 6박 7일간 끊임없이 달려야 블라디보스토크에 도착할 수 있는 세계에서 가장 긴 철도이다.

계획 없이 여행하고 있어 당일 예약을 하는 바람에 모스크바에서 이르쿠츠크까지 가는 열차 중에서도 100호차 3등석 꼬리 칸 복도 쪽 1층에

묵게 됐다.

   기차 안에서 24시간이라는 하루가 무색해질 만큼 그저 내 몸은 무의식의 흐름대로 움직이고 있다.
   낮과 밤, 오전과 오후의 경계는 허물어지고 해가 뜨면 밝아지고 해가 지면 어두워지는 것을 보고는 시간을 짐작할 수 있다.

   피곤하면 자고 배고프면 먹고 열차 안에서 할 수 있는 인간의 기본적인 욕구만 채우며 활동 반경은 최대한 줄인 채 움직이고 있다.

   열차 밖의 하얀 눈덩이들을 보고 있으면 그저 멍하니 바라보게 되고 열차가 이동 중일 때는 모든 통신이 끊긴 채 자신을 돌아보게 만드는 그런 시간이 될 수밖에 없다

러시아, 시베리아 횡단 열차 2

2018.2.12. 시베리아 횡단 열차 D+2

열차 안에서 하루가 어떻게 지나갔는지 모르겠다.

한 차례 경찰의 검문이 있었는데 러시아에 7일 이상 체류 시 거주지 증명이 필요했고 호스텔에서 미리 증명해 온 덕에 무사히 넘어갈 수 있었다.

이틀간 지내면서 위층에 있는 러시아 친구 안드류를 알게 됐다.

거동이 불편해 보이는 이 친구는 처음에 내 여권을 챙겨 줬고 하루가 지난 뒤에야 내 이름을 물어봤다.

이튿날 일어나 보니 안드류는 자리에 없었고 벌써 내린 줄 알고 인사도 없이 가 버린 것에 서운함이 있었지만 알고 보니 다른 열차 칸에 친구가 있어 다녀왔던 것 같다.

서로 말을 주고받지 않지만 단지 밤낮으로 위아래에서 안부 악수를 하며 서로의 온기를 간직한 채 기차 안에서 함께하고 있다.

열차가 큰 역에 잠시 머무를 때 밖에 나가 찬 공기를 들이마시며 바람을 쐬면 열차는 기다렸다는 듯 다시 출발한다.

사람들은 24시간 동안 설국열차에 내렸다 타며 수시로 바뀌고 나만 그 자리에 그대로 있다.

그리고 열차 안에서는 세상과 단절된 채 시간이 느리게 간다.

기차를 타고 가는 여정은 여행이다.
그 밖의 탈것들, 특히 비행기를 타고 가는 과정은 그저 이동일 뿐이다.
여행은 비행기가 착륙할 때에야 비로소 시작된다.

《유라시아 횡단 기행 中》

러시아, 시베리아 횡단 열차 3

2018.2.13.~14 시베리아 횡단 열차 D+3~4

열차와 나는 한 몸이 된 지 오래다.
그저 내 몸을 열차에 맡긴 채 열차가 움직이면 나는 수동적으로 이동한다.

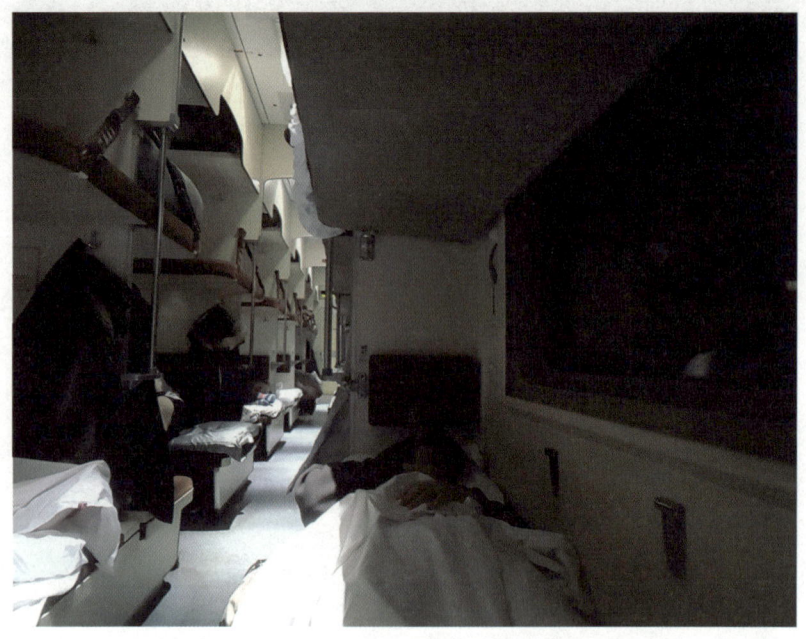

열차는 내 집이 되었고 이곳에서 내 모든 생활 방식을 맞춘다.

아이, 노인, 젊은 청년들, 아저씨, 아줌마까지 우린 모두 열차 안에서 24시간을 함께한다.

새벽에 아이의 울음소리에 잠이 깼다. 아이를 좋아하지만 우는 소리는 듣기 좋지 않다.

아이의 울음은 정말 서럽다. 인생의 모든 풍파를 겪은 듯 뭐가 그렇게 서러운지 펑펑 운다. 돌이켜보면 나도 어린 시절 저렇게 울어대곤 했었다.

어른들은 어린 시절을 망각한 채 살아간다. 마냥 울었던 어렸을 때의 기억을. 가끔 꺼내 보며 어린아이의 행동을 귀엽게 봐줘도 좋을 것 같다.

시베리아 횡단 열차 안에서의 생활은 생각보다 고역이다. 어딜 가나 사람이 중요하지만 수시로 바뀌는 사람들과 열악한 열차 안에서 누군가와 친해질 수 있는 상황이 아니다. 혼자보단 둘이, 둘보단 셋이 타는 걸 추천하고 싶다.

샤워는 물론 머리도 감지 못한 지 3일이 넘었다. 머리에는 이가 쑤시고 몸은 간지럽다.

할 수 있는 거라곤 잠자고 먹고 싸는 것뿐이다.

씻을 수 있는 게 얼마나 행복한 일인지.

그리고 93시간의 대장정 끝에 이르쿠츠크에 도착했다.

잠시 이곳에서 바이칼 호수를 둘러보고 몸을 재충전한 뒤 동쪽으로 이동해야겠다.

러시아, 이르쿠츠크 바이칼 호수 1

2018.2.15.~16 시베리아 횡단 열차 D+5~6

 모스크바에서 시베리아 횡단 열차를 타고 93시간에 걸쳐 이르쿠츠크에 온 이유는 바이칼 호수를 보기 위해서다.
 세계에서 가장 오래된 깊고 깨끗하며 별이 가장 많이 보인다는 바이칼 호수.

이르쿠츠크에서 버스를 타고 알혼 섬에 가는 길. 얼어 있는 호수 위로 교통 표지판이 있어 신기했다. 그렇게 여섯 시간을 달려 알혼 섬에 도착. 알혼 섬은 바이칼 호수 내에서도 가장 큰 섬이라고 하는데 이곳에서 바이칼 호수를 가장 잘 엿볼 수 있다고 한다.

이튿날 바이칼 호수 투어를 사전에 신청해 투어 차를 타고 북쪽으로 향했다. 알혼 섬의 울퉁불퉁한 도로를 다니기엔 차량의 타이어는 크고 두꺼우며 밑의 서스펜스도 확연히 높아야만 했다.

첫 목적지는 얼어 있는 바이칼 호수였는데 겨울이 되면 바이칼 호수 면적의 80%가 얼어붙는다고 한다. 광활한 호수가 전부 얼어 있어 사람뿐 아니라 여러 대의 투어 차들도 호수 위를 질주하고 있었다. 사진으로만 봤던 볼리비아의 우유니 소금 사막을 보는 듯 얼어붙은 호수의 모습은 어떠한 장애물 없이 지평선 너머로 불모지를 만들어냈다. 여태까지 여행 다니며 지구상의 초현실적인 공간이라고 많은 사람들에게 알려진 아이슬란드도 다녀왔지만, 바이칼 호수만큼은 다른 느낌이었다. 마치 신이 인간 몰래 신성한 장소를 숨겨놓은 듯 바이칼 호수의 얼어붙은 풍경은 다른 행성에 온 듯한 이질적이고 신비스러움 그 자체였다.

　다들 사진 찍느라 정신없는 사이 서양인 커플이 가방에서 무언가 주섬주섬 꺼내더니 스케이트를 신고 바이칼 호수를 배경 삼아 빙판 위에서 아름답게 타고 있었다. 여기까지 와서 스케이트 탈 생각을 할 줄 상상도 못했을 뿐더러 그 모습은 사랑스럽고 낭만적이었다. 그저 저 커플들이 부러울 뿐이었다. 버킷리스트에 사랑하는 사람과 이곳에 와서 스케이트 타기를 추가해야겠다.

　살면서 이렇게 추운 적이 있었을까 생각했지만, 바이칼 호수의 광활한 대자연 앞에서는 추위도 이길 수 있었다. 여행을 오래 하니 웬만한 자연 경관에도 눈이 익숙해서 큰 감흥이 없었지만, 바이칼 호수만큼은 달랐다. 지금까지 나의 최고 여행지는 아일랜드의 코브라는 곳이었지만 오늘부터 바뀔 것 같다.

　그리고 밤하늘에 본 수많은 별도 잊을 수 없다.

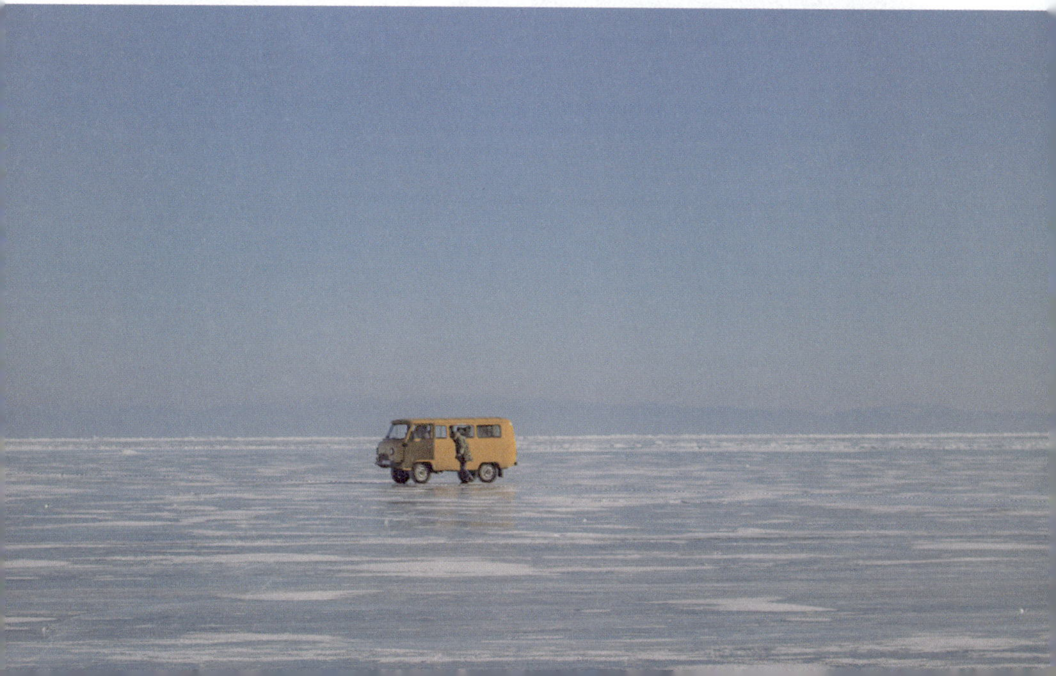

러시아, 시베리아 횡단 열차 4

2018.2.18. 시베리아 횡단 열차 D+8

이르쿠츠크에서 바이칼 호수를 보고 온 뒤 다시 횡단 열차에 탑승했다. 앞으로 블라디보스토크까지 3박 4일간 달릴 예정이다.

이번엔 군필자가 예비군 훈련에 가듯 미리 경험해 본 터라 능숙하게 마트에서 충분한 식량을 확보한 뒤 여유롭게 열차의 괜찮은 좌석까지 예매했다.

008호 차 3등석 네 명에서 쓰는 공간의 1층으로 시베리아 횡단 열차는 열차 번호가 낮을수록 좋은 열차라고 한다. 사실, 모스크바에서 출발할 땐

100호 차를 탔었지만 무슨 차이인지 잘 모르겠다.

이번에 함께 타게 된 Alex라는 러시아 사람을 만났는데 블라디보스토크까지 간다고 한다. 대형차 운전기사로 블라디보스토크에 가서 파트너를 교대하고 화물을 실은 뒤 이르쿠츠크에 돌아온다고 한다. 궁금증이 많아 내게 이것저것 번역기를 돌려가며 이야기하다 열차가 이동 중일 땐 인터넷이 안 돼 대화가 중단됐다. 오프라인 번역기를 다운받은 줄 알았는데 알고 보니 다운이 안 됐던 터라 서로 창밖만 멍하니 바라봤다.

그리곤 유명한 러시아 음악을 들려줬는데 횡단 열차를 타고 듣는 느낌은 새로웠다.

중요 정차 역에선 가족들이 마중 나와 서로 껴안고 뽀뽀하며 반가움을 표현했다. 기차 여행의 이색적인 풍경이 이제는 익숙해졌다.

 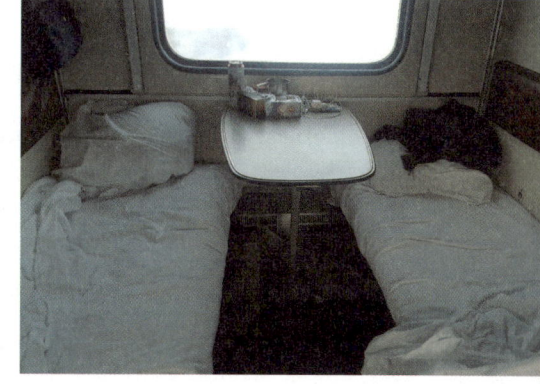

러시아, 시베리아 횡단 열차 5

2018.2.19. 시베리아 횡단 열차 D+9

열차가 중간 역에 정차했을 때 상점에서 맥주를 샀다. 종업원이 경찰에게 걸리면 안 된다길래 몰래 숨겨서 열차에 가지고 들어왔다.

경찰들이 갑자기 자리로 오더니 내게 여권을 보여 달라며 따라오라 했고 이상한 방으로 데려갔다. 알고 보니 몰래 사는 모습을 휴대폰으로 동영상 촬영을 했던 것이다.(사실 영상 촬영한 것에 소름 끼쳤음) 서류에 내 여권 신상 정보를 적더니 너는 이제 증거도 있고 법을 어겨 경찰서에 가게 될 거라고 했다.

나는 말이 통하지 않아 무조건 잘못했다고 빌며 사정을 했다. 경찰은 범죄자 취급하면서(영상 보니 내가 봐도 검은 옷에 모자 둘러쓰고 주변을 두리번거리며 냅다 뛰어가는 모습이 범죄자 같았다.) 너는 열차에서 맥주를 마시려고 했던 것 아니냐며 되물었고 주변 사람들에게 듣기론 열차에서 맥주를 마시는 건 상관없다고 했는데 웬걸, 열차에서 맥주를 마시는 건 원칙적으로 안 된다고 한다.

한국에 꼭 들어가야 한다고 이미 비행기 표도 샀다고 하니 부인과 자식이 있냐고 물어봤다. 나는 사랑하는 여자 친구가 있다고 거짓말을 했다.

그럼 눈감아 줄 테니 아무한테도 말하지 말라는 조건으로 한화로 20만원 상당의 돈을 달라고 했다. 순간, 눈치챘다. 이 사람들 내게 협박하며 겁을 주곤 돈을 가로채려는 악덕 경찰이라는 걸.

최대한 나는 침착하게 불쌍한 표정을 지으며 돈 없는 가난한 학생이며 이제 한국에 들어갈 날이 얼마 남지 않아 돈도 없다고 했다.

미안하지만 어쩔 수 없다며 내 얘길 들어주지 않았고 나는 타협점을 찾고 있었다. 일단, 영상 촬영물이 있을뿐더러 상점에서 맥주를 사는 건 안 됐기에 발뺌할 수는 없는 상황이었다. 머리는 하얘졌고 침착하게 생각하려고 애썼다.

마침 다른 경찰이 오더니 그나마 영어를 할 줄 알아 취조를 했다. 왜 맥주를 몰래 숨기고 들어왔냐며 물었고 사실대로 인정했다. 종업원이 걸리면 안 된다길래 몰래 사서 들어왔다. 하지만 기차에서 마실 수 없는지는 몰랐다. 그러니 마시지 않고 반납하겠다고 빌었다. 제발 봐달라고 온갖 사정을 하니 걱정하지 말란다. (너는 이 상황에서 걱정이 안 되니?) 일단 맥주를 마실 생각을 했다는 건 문제를 일으킬 생각인 거 아니었냐길래 나는 정말 순수한 여행자다, 문제 일으키는 거 싫어한다, 평화주의자다, 라며 온 힘을 다해 빌었다. 네가 몰래 맥주를 산 것 자체가 이미 문제를 일으킨 거라고 했다. 제발 봐달라고 진짜 애원을 했다. 내 진심이 통했는지 이번 한 번만 봐준다며 자리로 돌아가라고 했다.

마음을 가다듬고 자리로 돌아와 Alex에게 말하니 돈 줬냐며 절대로 주지 말라곤 악덕 경찰이라고 했다. 경찰서까지 갈 정도로 잘못한 건 아니라고 한다. 얘네들은 이런 수법으로 순진한 관광객들에게 뒷돈을 받는 것 같다.

그나마 Alex가 계속 먹을 걸 주며 이 사건을 잊으라곤 다독였다. 심지어 맥주도 안 걸리게 마시면 된다 하여 결국, 몰래 먹었다.

오늘은 정말 잊을 수 없는 하루가 될 것 같다.

러시아, 시베리아 횡단 열차 6

2018.2.21. 시베리아 횡단 열차 D+11

모스크바에서 시작해 블라디보스토크까지 9,334km의 11일간 시베리아 횡단 열차의 대장정이 끝났다.

평생에 한 번은 타 볼 거라고 생각했던 시베리아 횡단 열차를 무계획으로 여행해서 이렇게 빠른 시일에 타게 될 줄 몰랐다.

이르쿠츠크에 들러 바이칼 호수를 보느라 시간이 더뎠지만, 열차 안에서의 시간은 정말 긴 여정이었다.

돌이켜보니 처음 횡단 열차를 탔을 때 온전히 나를 놓지 못했던 것 같다. 좁은 좌석에 불평불만이 많았고 열차 안의 사람들에게 마음을 열 준비가 안 됐던 것 같다. 결국, 제대로 된 준비 없이 횡단 열차를 탔던 것이다.

이르쿠츠크에서 다시 탔을 땐 횡단 열차에 온전히 나를 받아들이기로 했다. 그래서 그런지 블라디보스토크까지 올 때가 더 기억에 남는

것 같다.

후에 통일이 된다면 자식들에게 이렇게 말하고 싶다.

'아빠는 예전에 모스크바에서 블라디보스토크까지 시베리아를 열차로 횡단했단다. 하지만 지금은 통일이 되어 서울에서 모스크바까지 횡단 열차를 타고 갈 수 있게 됐단다.'라고 말이다.

그리고 사랑하는 아내와 아이들과 함께 다시 한번 열차에 올라 육지로 모스크바까지 갈 수 있는 날이 왔으면 좋겠다.

에필로그(여행, 그 후)

여행과 책임

Life Is Only One, YOLO, 카르페 디엠 등 이런 말은 이미 많이 들었을 겁니다. 한때 젊은이들에게 추구하는 슬로건 같은 거였죠.

'사람마다 삶의 방식이 다른 거지 그게 옳은 것은 아니다.'라는 말은 맞는 말입니다. 하지만 YOLO라는 자유를 추구하는 만큼 그에 합당한 책임도 크다는 걸 명심했으면 좋겠습니다.

여행하며 주변 사람들에게 부럽다는 말을 자주 들었습니다. 저도 긴 여행을 선택한 만큼 짊어져야 할 책임이 큽니다. 돈은 어떻게 모을 것이며 미래는 어떻게 준비할 것인지, 주변 친구들은 직장 생활을 하며 돈을 모아 나가고 있는데 정작 저는 소위 말하는 지잡대에 아르바이트하며 열심히 모은 돈으로 용돈 하랴 여행만 다니며 저축한 돈은 하나도 없었습니다.

여행을 오래 할수록 느꼈죠. 어렸을 적 애정 결핍으로 주변 사람들에게 잘 보이고 싶고, 사랑받고 싶었던 거였습니다.

가장 중요한 건 자신의 생각과 가치관대로 삶을 결정하고 살아가는 것이 멋있고 용기 있는 거라고 말하고 싶습니다.

저는 무엇을 하든 꾸준히 하는 사람들이 대단하다고 생각합니다. 우리 주변엔 여행 말고도 눈에 보이지 않는 대단한 사람들이 더 많습니다. 단지,

SNS에 보여지는 여행의 일부분이 여러분에게 멋있게 보이게끔 환상을 불러일으킨 것뿐입니다.

인간관계

어렸을 때부터 모임 하나하나 안 빠지려 했고 친구들의 소식은 다 알아야 하며 내가 모르는 이야기가 있으면 서운해했습니다.

보통 고등학교를 졸업하고 대학교에 들어가고 군대에 가고 사회생활을 하면서 인간관계에 대한 생각들이 점차 바뀝니다. 특히, 저는 해외 생활을 오래 하면 할수록 사람에 대한 관계가 부질없다는 것을 느꼈습니다.

사람들은 생각보다 남들이 뭘 하든 관심이 없거든요. 아 쟤는 어차피 해외에 있으니까, 라는 생각에 점점 그들에게 잊혀 가고 그들과 나는 별개의 개체로서 새로운 인간관계를 만들어 나갑니다.

친구는 기간이 중요한 게 아니라 마음이 얼마나 잘 맞고 서로에게 얼마나 진심으로 대하는지가 중요하다는 것을 느꼈습니다.

내 곁에 있어 주는 소중한 사람들 챙기기에도 바쁘거든요.

여러분들도 사소하고 작은 인간관계에 목매달지 말고 스스로 열심히 인생을 개척해 나간다면 곁에 남아 있을 사람은 어차피 끝까지 있을 테니 사소한 감정에 신경 쓰지 않으셨으면 좋겠습니다.

누군가가 저로 인해 동기 부여를 갖고 조금이라도 힘을 냈으면 좋겠다는 마음에 용기 있게 제 이야기를 꺼냈습니다.

저는 여행 이후, 9년 만에 학교 졸업과 꿈꿨던 게스트하우스 창업을 위해 숙박업 관련 회사에서 일했으며, 현재는 제주도에서 게스트하우스를 운영하고 있습니다.

저도 아직 어려서 인생의 정답이 무엇인지는 모르겠습니다. 그래도 꿈이 있고 하고 싶은 게 있기 때문에 나름대로 최선을 다해 제 인생을 즐기면서 살아가려 합니다.

"젊음만이 이 세상에서 가질 만한 가치가 있는 유일한 것이다. 나는 일시적이고 덧없는 젊음을 가졌었다. 그러나 나는 젊을 가지고 무엇을 했나? 확실히 부와 책임이라는 진부한 추구에 황금 같은 젊음을 낭비하지는 않았다. 나는 자유를 원했다. 내 환상을 자극하는 어떤 충동에든 탐닉하는 자유, 아름답고 즐겁고 낭만적인 것을 위해 지구의 가장 먼 구석을 찾는 자유 말이다."

제가 좋아하는 구절입니다. 여러분 모두 무엇을 하든 황금 같은 젊음을 낭비하지 않으셨으면 좋겠습니다.